高校教师教学能力发展与教育研究

杨婷婷 著

吉林摄影出版社

·长春·

图书在版编目(CIP)数据

高校教师教学能力发展与教育研究/杨婷婷著.--长春:吉林摄影出版社,2022.12
ISBN 978-7-5498-5641-1

Ⅰ.①高… Ⅱ.①杨… Ⅲ.①高等学校－教师－教学能力－研究 Ⅳ.①G645.12

中国版本图书馆 CIP 数据核字(2022)第 223695 号

高校教师教学能力发展与教育研究
GAOXIAO JIAOSHI JIAOXUE NENGLI FAZHAN YU JIAOYU YANJIU

著　　者	杨婷婷
出 版 人	车　强
责任编辑	岳青霞　罗　晗
封面设计	刘　华
开　　本	787mm×1092mm　1/16
字　　数	200 千字
印　　张	8
版　　次	2022 年 12 月第 1 版
印　　次	2022 年 12 月第 1 次印刷
出　　版	吉林摄影出版社
发　　行	吉林摄影出版社
地　　址	长春市净月高新技术产业开发区福祉大路 5788 号 邮编:130118
网　　址	www.jlsycbs.net
电　　话	总编办:0431-81629821　　发行科:0431-81629829
印　　刷	北京市兴怀印刷厂

ISBN 978-7-5498-5641-1　　　　定　价:48.00 元

版权所有　侵权必究

前言

教师教学能力发展是高等教育从数量扩张转为"内涵式发展"建设的需要,是信息社会和知识时代的必然要求,是高等教育质量的重大战略保障;教师的教学能力最直接和最具效能地影响着教学质量,进而影响高校长足发展和人才培养质量。因此,深入探究高校教师教学能力的发展具有较高的理论意义和实践指导意义。

高校学生是国家宝贵的人才资源,是民族复兴的希望与国家发展的未来。改进与完善高校学生教育管理工作,培养优秀的社会主义事业建设者,关系到国家的长治久安和民族的前途命运。近年来,随着我国社会主义市场经济的发展与社会改革的推进,我国的高等教育改革的进一步深化,高校的学生教育管理工作也面临新的挑战。因此,研究新形势下高校学生教育管理具有重要的理论与现实意义。

鉴于此,笔者撰写了《高校教师教学能力发展与教育研究》一书,旨在通过对新时期高校教师教学能力发展与教育管理的理论探究,提升高校教师教学能力,保障学生管理工作有序开展,促进教育管理改革。本书首先探讨高校教师教学能力的内涵,接着探讨我国高校教师教学能力发展机制,并从思想认识、队伍建设、教学学术能力、信息化教学能力等方面进行教师教学能力提升的研究,然后重点分析高等教育管理相关知识,从"以生为本"理念的立足点,对高校教育管理实践提出现实可操作的应用路径,并对教育管理信息化创新与发展进行深入研究。

本书坚持以创新的视角,以新理念和新思路为指导,着眼于对基础理论的深入解读,并且在理论解读的基础上,关注教学能力发展与教育管理现状及问题,更是放眼未来,对高校教师教学能力发展与教育管理趋势给予了重视,给出了高校教师教学能力发展与教育管理的实践指导和提出了满足现阶段及未来趋势的发展策略,增强了高校教师教学能力发展与教育管理工作的针对性和实效性。全书结构合理,条理清晰,内容详细、全面,具有较强的可读性、指导性和实用性。

笔者在撰写过程中,借鉴了许多专家和学者的研究成果,在此表示衷心的感谢。本书研究的课题涉及的内容十分宽泛,尽管笔者在写作过程中力求完美,但仍难免存在疏漏,恳请各位专家学者批评斧正。

作 者

2021 年 12 月

目 录

第一章 高校教师的教学能力内涵 … 1
- 第一节 高校教师的教学能力现状 … 1
- 第二节 大数据时代对高等教育的影响 … 12
- 第三节 大数据时代高校教师教学能力的涵盖 … 20

第二章 高校教师教学能力发展机制研究 … 25
- 第一节 高校教师教学能力概述 … 25
- 第二节 我国高校教师教学能力发展机制的对策 … 34

第三章 高校教师教学能力提升的思想认识 … 45
- 第一节 高校教师对高校教学能力的思想认识 … 45
- 第二节 高校教师教学能力提升的原则和方向 … 48

第四章 高校教师教学能力提升的队伍建设 … 51
- 第一节 高校教师队伍的组成分析 … 51
- 第二节 高校教师队伍的建设规范 … 54
- 第三节 高校教师队伍的建设方法 … 58

第五章 高校教师教学学术能力提升策略研究 … 65
- 第一节 高校教师教学学术能力概述 … 65
- 第二节 高校教师教学学术能力提升的策略 … 67

第六章 高校教师信息化教学能力提升策略研究 … 73
- 第一节 高校教师信息化教学能力发展的理论基础 … 73
- 第二节 高校教师信息化教学能力提升的策略 … 75

第七章 高等教育管理概念解析 … 79
- 第一节 高等教育管理目标 … 79
- 第二节 高等教育管理规律 … 87
- 第三节 高等教育管理原则 … 92

第八章 高校"以生为本"教育管理实践的策略研究 ································ 95
　第一节 "以生为本"教育管理理念的理论基础 ································ 95
　第二节 "以生为本"教育管理实践的提升路径 ································ 100

第九章 高校教育管理信息化创新与发展研究 ································ 112
　第一节 高校教育管理信息化的理论概述 ································ 112
　第二节 高校教育管理信息化的提升策略 ································ 114

参考文献 ································ 121

第一章 高校教师的教学能力内涵

第一节 高校教师的教学能力现状

从 20 世纪中叶开始,人们开始逐渐关注高校教师的教学能力,并被越来越多的人作为研究课题。2011 年,因为《高等教育教学改革与教学质量工程二期建设》特别强调本次改革的重点是关注青年教师教学能力如何提升的问题,而引起了更多的教学研究专家们和高校管理者纷纷投入到了这方面的研究上,从而产生了大量的关于高校教师教学能力的研究理论和报告。

一、高校教师

(一)高校教师的概念

有别于中小学教师,我们对高校教师的认定广泛地认为是在高校(包括高等专科院校)中从事高等教育教学及相关工作岗位的人。从广义的视角看,像教学人员、行政管理人员、辅导员、相关服务人员都属于高校教师的范畴。从狭义的视角看,高校教师则是专指在高校(包括高等专科院校)中从事教学任务的教师。这样的专业教师能够从专业领域对学生进行专项培训,使其具备在其所选专业领域从事相关岗位任务的能力。与此同时,狭义的高校教师除了传授专业知识之外,还应具备专业研究的能力。就教学能力的专题研究的需要,我们这里所采纳的是关于高校教师的狭义解释。

(二)高校教师的特点

众所周知,在西方语言体系中,中小学教师和高校教师是两个截然不同的词,其中 teacher 是指中小学教师,而 faculty 则是指高校教师。除了高校教师的解释之外,faculty 还有天赋和才能的意思。一个人的天赋和才能会形成不同的知识和思想成果,进而产生专业的分类。根据学科的分类,不同专业的高校教师具有不同学科的知识和研究能力,成为推动学科不断发展的学科专家和将学科知识传道授业的教育专家。

不同于中小学教师,高校教师以培养社会进步所需要的专业人才为教学目标,面对大学生集中教授专业性知识,并借助更多的企业组织者、参与者和合作者来完成教学过程。

二、教学能力

(一)教学能力的概念

教学能力,是隶属于能力的一个子概念。能力因为范畴的界定、本质和特性的不同而成为不同的能力。沿用心理学的能力分析方法,教学能力就是一种教师具备的能够促进学生发展,按要求完成教学实践活动的理论、实践、素质等综合能力。

受到教学思想、教育理念、学习体系的影响,目前对教学能力的认识和理解存在一定的差异,尚未达成共识。比如,在《远距离教育开放词典》中认为:"教学能力是为了实现教学的目标,教师组织和实施教学活动的过程中所表现出来的能力,主要包括教学内容讲解的能力、课程开拓的能力、不同教学方法掌握和实施的能力、课堂上对学生参与学习和实践的组织能力等。"在该观点中,对于教学能力的理解主要强调教学能力是以课堂教学为主的所有教学活动中教师所表现出来的思维、行为、情感等综合素质。再比如,在《中国学前教育百科全书·教育理论卷》中认为:教学能力是为了实现教学的目标,教师从事教学活动的过程中所表现出来的心理特征,主要指一般能力和特殊能力。其中,一般能力指的是教师作为教学活动的主导者,应该表现出对学生的基本能力和心理特点的理解;特殊能力指的是教师作为知识的传授者,应该表现出用语言传达所学专业的知识体系的能力和对教学活动的组织和实施能力。除了上述两个认可度比较广泛的观点外,还有部分学者认为好的教学活动应该具备艺术性和科学性,一个好的教师应该具备对教学目标、教学任务、教学方法等教学因素的认知能力,教学活动的设计、管理和监控能力,对教学资源和专业技能的操作能力。教师所具备的教学能力就是将知识和技能的传承转变为教学活动、解决教学问题的能力。

综上所述,高校教师的教学能力主要是以教学活动为中心进行扩散和展开。高校教师应该能为了实现教学目标而有效地开展一系列有序、有需的教学活动。在不同的时代和不断的变革中,教师的教学能力就是教师根据教学的需要而适时采用适当的教学方法,设计和实施合理化的教学活动,并有能力对教学全过程实施监控和管理。在完成教学任务的过程中,教学能力还应包括为了实现教学目标和完成教学活动的需要而注重自身知识的积累和技能的提升,能够实现自我发展。

(二)教学能力的特点

与中小学教师一样,高校教师的教学能力体现的是其能够在教学活动中表现出来的、具有个人特点的综合素质能力。这一能力是影响整个教学活动效果好坏的关键因素。但是,与中小学教师不同的是,高校教师为了更好地完成教学工作,必须掌握和发挥影响教学活动的各种能力和综合素质。教学能力是其中最为关键的能力之一。因为高等教育自身在人才培养的目标、对象、途径等方面具有与其他教学层次截然不同的特点,所以作为高等教育工作主体的高校教师,其所具备的教学能力在具体的工作范畴、选择的工作方式等方面也必然呈现出与众不同的特点。

1. 复杂性

由于在教学工作中受到教师、学生、教学条件、教学准备情况等多方面因素的影响,教学活动不再是一个单纯的授课环节。在教师站上讲台开始授课之前,教学活动已经早早开始了。当然,因为受到许多因素的限制,教学成果也不可能是由一个学生的一次考试成绩来判定的。教学活动自然也不会因学生学习活动结束而终止。由此可见,教学活动天然所具备的复杂性贯穿教学的全过程。作为主导这一过程的教师也应具备高水平且经过专业训练的处理教学过程全部任务的教学能力。

2. 实践性

高校教师不同于一般的中小学教师,多数为专业出身。这样的学源情况虽然决定了在教学方法、与学生的沟通、了解学生的心理特征等方面并不专业,但是就高等教育人才培养的目标和特点的需要来看,高校教师在自身所在的学术领域中的专业研究水平的高低才是评价高校教师的教学能力的关键因素,也是教学活动的基础。那么,如何培养高校教师在专业领域的教学能力呢?其前提就是要经过无数次的专业教学实践,不同的教学环境、教学目标、教学客体等,才能形成不同的教学体验,进而培养不同的教学能力。高校教师应该通过不断的教学实践,采用多种教学方法灵活地应对不同的教学条件和教学对象的需要,逐渐形成将知识和技能实现转化的教学能力。

3. 多学科交叉性

考虑到高等教育有专门为某个行业提供人才培养服务的特殊性,其教学体系必然要求其专业的设置、人才培养目标、课程体系等要以学科发展为基准。学科发展则是受社会需求和学科发展规律之间的交叉作用而逐渐形成的。由此可见,一个学科的发展离不开与之相关的多个行业、多门学科的发展与支撑。

在这个变化过程中,高校教师应时刻关注多学科的发展与社会的变化,并将所传授知识进行有效分解、与相关学科知识和技能进行整合创新,形成与时俱进的教学内容。

作为高校教师,除了具备讲授知识的能力之外,还应掌握将知识交叉融合的创新能力。

4. 创新性

高校的核心工作是为社会发展培养符合行业要求的人才,教学是人才培养的主要方式。但是,培养人才的方式却不具备唯一性。俗话说,实践是最好的老师。通过参与社会服务活动、协助教师完成科研活动等方式,高校也可以培养出让企业满意的人才。高等教育在大众化发展的过程中,各类高校也根据其发展目标和科学优势进行了分级分化。目前,本科教育层次的高校分为研究型、研究教学型、教学研究型和教学型四类;专科教育层次的高校呈现集中于高素质技能型人才培养的趋势。不管是何种类型的高等教育机构,都在根据各自的特点培养着全社会不同行业不同需求的人才。但是,正因为不同的高等教育机构有着不同的优势和特点,其教学模式就不尽相同,有的突出课堂讲授的方式,有的突出技能示范的作用,有的提倡研究和创新。在不同的教学模式中,教师所发挥的作用和所需要的技能也不尽相同。另外一方面,在高等教育通过多年的普及,已经基本形成了大众化教育的局面下,高校也逐渐分化,形成各自独特的发展模式。这种分化模式符合现代化人才培养的要求,实现了人才分层分类培养、因材施教、人尽其用的目标。

但是,在现实的教学中,尽管高校类型做出了分类,其教学方法和对教师考核的标准却没有分类。在大数据时代,国家强调高校培养人才的质量,强调育人在高校工作中的重要性,强调教学改革在育人过程中的核心地位。在大数据时代,在高校不断创新发展的过程中,高校教师也应综合多种教学模式的优势,创新教学方法,以达到大数据时代高校教育教学的新要求。

5. 多元性

高校教育是对具有一定思维能力、辨别能力、转换能力的18岁以上的年轻人开展的教育。这样的教育对象来自祖国大江南北、五湖四海,其基础知识的掌握情况、对世界的认知方式、成长经历和民族特点等均不尽相同,具有明显的多元性特点。在大数据时代下,这一多元性特点在学生接受高等教育之后为自己所确定的发展目标、发展过程中产生的需求和获取信息的方式等方面体现得更加明显。所以,高校教师应该积极面对学生的变化和多元性的特点,尽量采用适合的与之相适应的多元化的教学方式来培养不同类型和层次的学生。在实际教学中,高校教师以更加亲切的姿态,对学生表现出赞美和激励,使其从内在产生主动求知的欲望。这时,高校教师主要表现出来的作用是对学生的引导、辅助和支持。

6. 发展性

与此同时,教育环境也处于不断地变化中,相应地对教育需求也提出了更高的要求。从事教育活动的教师为适应时刻改变的教学环境和满足日渐严格的教学要求,必须将自身的教学能力始终处在动态的发展过程中,表现为一种发展的特性。

(三)教学能力结构

高校教学工作内容所涉及的能力就是高校教师的教学能力,包括对专业知识的认知、对专业技术的操作、对教学活动的监管控制和对学生学习的指导等方面。因此,教学能力结构应包括以下几个方面。

1. 认知程度

所谓的认知程度指的是从事高校教学工作的教师对教学任务、教学目标、教学用书等方面的理解和认知的程度，对教学对象特点的了解和分析的程度。教师对教学活动的相关信息收集、了解得越多，对专业知识研究得越深，其认知程度就越高。教师认知程度外在表现为，在教学过程中对所讲授知识的分析和理解、对教材的选择和解读、对学生学情的了解和分析的情况，并据此选择适合的教学方法和设计适合的教学内容以达到教学的目的。高校教师的教学任务就是要让任何水平和能力的学生都能够吸收到相应的专业知识，并令其学以致用、一技傍身，实现教师自身的有效的教学传授。

2. 操作水平

所谓的操作水平是指从事高校教学工作的教师自身的专业知识、专业素质和解决问题的能力。高校教师最根本的工作内容就是对学生的教育教学活动，即在教学活动中能够及时发现学生的教学需要和存在的问题，并能够运用专业实践的能力解决学生的问题。教师的操作水平具体涉及的能力有教师在教学过程中对于知识的讲解和表达能力、对所传授知识的讲授方式和软硬件应用能力、对教学对象的教学积极性的调节和促进能力。

高校教师在教学活动中既需要语言的表达，又需要非语言的沟通。教师操作水平的高低根本上来自教师本身对所讲授知识的掌握和理解程度，知道得越多，对学生的讲解和传授就越发明白。在大数据时代的教学活动中，高校教师利用软硬件技术辅助教学过程，以达到提升学生对知识的理解能力和对信息的记忆能力的目的。多媒体教学课件的设计、互联网学科资源库的建立，都能够从全方位、立体化的角度激发学生的学习兴趣、提高学生学习的快乐。与此同时，高校教师还应调节和控制学生对于学习的投入性和自发性，采用多种激励政策促进学生积极主动地进行学习行为。

3. 监管控制能力

所谓的监管控制能力是指从事高校教学工作的教师为了达到教学目标而对教学活动的计划、组织、调节和控制环节所表现出来的能力。监管控制能力具体包括教师在整个教学活动中对教学活动的设计、课前的准备、教学现场的控制、学生课后反馈、教师课后反思等。其中，教学活动的设计是教师对教学目的理解和教学智慧的体现；课前的准备活动体现了教师对教材的解读；教学现场的控制是教师传达和教授知识的过程；学生课后的反馈和教师课后的反思，主要体现了教师自查的能力，是找到教学过程中存在的问题与提升的空间、实现自我价值的过程。

4. 指导能力

所谓的指导能力是指从事教学工作的教师通过理论知识的讲解和实践技能的指导来提

高学生学习效率的能力。教师在教学过程中为了不断地巩固学生的学习成果，激励学生将其应用到实际的学习和工作生活。尤其是，从事实践教学演示的工作中的教师对于学生实践能力的教学指导功能。

三、高校教师教学能力的涵盖

(一)高校教师教学能力的内涵

1.教学能力与教师的教学设计之间存在密不可分的关系

研究教学能力必须先将其能力需求带入到整个教学活动的角度分析高校教师应该具备的知识、技能和工作态度。因此，教学能力的构成是研究教学能力概念和结构的基础，是教学分析的重要因素。以教学活动的特点来看，教学能力应包含教学设计、教学实施和教学反思三个环节；以教学系统活动的目标和性质来看，教学能力应包含教学认知能力、监管和控制能力、操作能力等；以教学系统构成要素来看，教学能力应包含高校教师在教学环境中通过教学活动的计划、组织、调节和控制环节所表现出来的能力。

2.教师在教学环节中表现出来的各类观点都必须是单一的、独立的关系

不同的能力之间既相互统一，又有若干独立关系。教学能力构成中存在不同的影响因子，既表现出因子之间的国际关系，又体现了他们个人的影响与学习能力。他们既具备学科研究能力，又是相互独立的多方面影响的结果。另外，高校教师因为教育理念不同，在教学活动中发挥的作用、重视的因素也不尽相同。那么，教师教学能力则通过教学大纲、教学方法、教学日历、教学计划等多种以教师自身为主导的教学研究活动来体现。

3.教学系统的要素和环节也是相同的

不论是中小学教师，还是高校教师，所有教师的教学能力都通过教学活动来体现，其构成教学系统的要素和环节也是相同的。比如，教学方法、教学设计、教学评估、教学反思等。在此基础上，高校教师的教学能力还要通过专业研究能力、学术研究能力、课程开发能力、教学创新引领能力等表现出高等教育的探索钻研、勇于创新的精神。除此之外，鉴于大数据时代的科学技术环境变化情况，在高校教学活动中所应用的多种辅助教学的现代化信息技术也在不断地发展和创新。所以，面对此情况，高校教师就应该树立终身学习的态度，不断提升自身的大数据信息素质和对信息化教学环境和设备的熟练使用程度，不断发展自身的教学理念，能够创新教学模式，采用各种技术支持学生自主学习的发展。

(二)高校教师教学能力的模型

关注高校教师的教学能力发展，对其教学能力模型的讨论更为重要。目前，国内外的相关研究基本都集中在讨论影响高校教师群体教学能力的多维因素构成的教学能力模型。其

中,以教学能力三维结构模型最为大家认可。

教学能力三维结构模型中强调教学领域、组织级别和能力三个毫无关联的维度组成了教学能力结构。

1. 教学领域维度

教学领域就是有关教学活动所涉及的工作领域。以教学领域维度为划分标准,教学能力可以分为开发领域所需能力、组织领域所需能力、实施领域所需能力、指导教学领域所需能力、评价领域所需能力和评估领域所需能力。

(1) 开发领域所需能力

所谓的开发领域所需能力是为了实现教学目标,针对教学对象的特点创新开发的适应现有教学模块和教学项目所需要的能力。

(2) 组织领域所需能力

所谓的组织领域所需能力是为了实施教学活动涉及的各个教育领域的组织管理工作所需要的能力。

(3) 实施领域所需能力

所谓的实施领域所需能力是在真实的环境中实施教学活动时所需要的能力。

(4) 指导教学领域所需能力

所谓的指导教学领域所需能力是指针对学生面对专业知识产生的认知过程和情感活动的指导能力,也指对整个教育教学活动的指导能力。

(5) 评价领域所需能力

所谓的评价领域所需能力是指教师能够在教学活动中对学生的表现提出有效的评价,包括书面的、口头的、观察的、报告的、档案袋等的形成性和总结性评价。

(6) 评估领域所需能力

所谓的评估领域所需能力是指教师从多个角度对整个教学活动全方面、全过程所实施的开发工作、实践工作进行反思和讨论,进而提出改进措施的评估能力。

2. 组织级别

在教学活动中,可以将教师所表现出的行为举止分为三个不同的组织级别,即微观层次教学能力、中观层次教学能力和宏观层次教学能力。

(1) 微观层次教学能力

所谓的微观层次教学能力指的是高校教师在完成教学活动的某一个小单元、小项目或者小节时,所需要的讲授、组织小组学习、个别学生答疑指导等教学能力。

(2) 中观层次教学能力

所谓的中观层次教学能力指的是高校教师在设计和开发课程时,需要对课程和项目的协调管理和连续性设计所需的能力。比如,理论课程、实习活动、网络学习和资源库项目开发等工作之间的协调能力。

（3）宏观层次教学能力

所谓的宏观层次教学能力更多情况下展现的是一种领导能力，是指高校教师对自己所负责的课程和教学培训内容的开发工作和管理工作所需要的综合能力。

3.能力

将能力作为教育能力划分的维度，主要强调教师在教学活动的动态过程中表现出来的综合能力，共分为知识、技能和态度三个部分。其中，知识能力是指教师对所承担的教学工作内容的熟悉程度；技能能力指的是教师对教学活动的操作和专业技术的掌握能力；态度能力指的是在教学活动中教师秉承的观点和理念，对待教学活动持有的稳定的持久的心理倾向。

由教学能力三维结构图可以看出，教学能力重点表现为，对高校教师而言其主要执行力表现在对课堂教学方面的指导和引导能力；对课程的开发过程中的各种关系的协调能力和在课程开发过程中多表现出来的关系协调和处理的能力；对完成课程和项目开发的主要工作所需要的领导能力。

（三）高校的教学与高校教师的能力范畴

梅贻琦曾经说过："所谓大学者，非谓有大楼之谓也，有大师之谓也。"这句话充分说明了高校教师对高等院校的影响是有多大啊！高校教师已经成为一所大学的课程的主导，不仅是大学灵魂的核心，也是学生学习的目标和方向。

由此可见，从高校的职能角度和人才培养规律上分析，高校教师的教学能力所应用的范畴应该不仅仅是课堂上教学活动的组织和实施，更需要拓展到人才发展的全方面。比如，在传统的教学理念中，人们认为科学研究与教学研究隶属于不同的范畴。但是如果高校教师带领学生一同投入到科学研究活动中，学生在此过程中学习到了相关的理论知识和提高了科研能力，那么此时高校教师所发挥的就是教学能力，而非科研能力。与这种情况类似的还有关于社会服务能力的讨论，社会服务能力同样不隶属于教学能力的范畴。但是，高校教师带领学生一同进行社会服务实践。因为教师言行的表率作用让学生在此过程中耳濡目染、感同身受，并逐渐形成了自己在未来做人做事的原则和方向。教师的一言一行也发挥了教学活动中的示范作用，成为教学能力的一个部分。

综上所述，我们可以看到在进行高校教师教学能力范畴研究的时候，必须开阔视野，不能拘泥于传统理念上的空间概念，认为只有在课堂上的教学活动才会体现教师的教学能力。另外，为了实现人才培养的最终目标，高校教师还应重视并积极开展全方位多角度的教学活动，努力探索促进和提升学生能力发展的教学方式，将科学研究活动和社会实践活动中的隐性知识显性化表现，提升自己教学能力的同时带动学生全面发展。除此之外，在研究教学能力范畴的时候，我们必须认识到不同类型、不同层次的高校教学重点不尽相同。所以，对教师的教学能力发展也应区别对待,培育教师的综合能力的同时发展符合高校发展所需的多方面能力。

(四)从胜任能力角度分析高校教师教学能力的结构

传统意义上对高校教师的要求是能够完成知识的讲解和能力的培养两方面工作任务。为了胜任高校教师岗位的两个教学工作任务,高校教师的教学能力结构应分为个人特质、专业态度、专业知识和专业技能四大能力。

1. 个人特质

所谓的个人特质,是指高校教师个体具备的不直接影响或并不专门指向教学活动的个性特征,比如教师在日常教学中表现出来的亲和力、爱心、耐心等,甚至包括教师的形貌和健康状况等。高校教师的个性特质并不容易外露或者由第三者察觉,是内显的特性之一。但是,个人特质对高校教师提升大数据时代教学能力具有一定的促进作用。

在教学工作中,个体特质对教师的影响是泛化的,没有统一的标准,发挥的促进作用也不尽相同。因为个性特质是决定个体全部行为的内部基础,所以个性特质对高校教师教学行为和教学能力的影响是必然的、根本的、无法改变的。从教师准备授课开始,到学生完成课后练习系统算是一个教学的结束。在这个教学过程中,教师的个人特质会慢慢浮现出来,形成其独特的教学风格、对待学生和教学活动的态度,以及教学行为的表现。比如,教师在课堂授课时是按照教材条目完全一致地讲授课程并要求学生必须一字不差地记笔记,还是喜欢和学生舒服自然地聊天,以聊天的内容引出授课的主题等表现,都是由教师的教学态度决定的,而这个态度又是因为其个人特质形成的。

值得注意的是,教学能力是直接支持教学活动组织和实施的关键因素,而教学能力的形成却依赖教师的个人特质和对待教学工作的态度。所以,这种泛化的个人特质是间接的支持教学活动更好实施的基本因素,其影响效果非常明显。

2. 专业态度

所谓的态度是个体对客体形成的长期的稳定的心理倾向。在评价教师是否具备胜任教学活动的能力时,虽然要考核专业知识和专业技能的掌握情况,但是决定该教师对专业知识的汲取程度和对专业技能的熟练程度则是他对教学工作的重视程度和对教师岗位保持的态度。在教师行业内,有一个经典的比喻,将一名教师拥有的知识和技能比作浮在水面上的冰山,把他的专业态度比作冰山水下的部分。可见,专业态度是教师掌握专业知识和专业技能的根基,是一名教师教学能力更深层次、更核心的表现。

3. 专业知识

师者,所以传道授业解惑也。古往今来,从事教师岗位的前提条件就是应该具备足以向学生传道、授业、解惑的专业知识储备。尤其是高校教师,不同于统一标准教学的中小学教育,其专业知识水平的高低直接影响了教学成果的好坏、人才培养质量的高低。

目前，对于高校教师的专业知识水平的考核从教学背景和教科研水平两方面入手。其中，高校教师教学背景主要体现在其毕业院校、从本科开始所攻读的专业、所学习过的课程、获取的学历和学位、参加过的培训和进修等，以个人简历或者在职教师信息登记表的方式体现，由人事处存档；高校教师的教科研水平主要体现在其近三到五年内主持或参与的教研课题、科研课题，教学比赛获奖情况，科学成果奖，已经发表的学术论文，已经出版的专业教材和学术专著等情况，以年底考核评价表和职称晋级佐证材料的方式在个人手中存档，需要学校相关职能部门认证其真实性。关于高校教师能够证明其专业知识水平的资料收集工作是高校人事管理工作的一个部分，也是反映高校教师教学能力的一个方面。

4. 专业技能

所谓的专业技能是指高校教师利用专业知识分析和解决专业问题的能力，是评价教师能否胜任教学岗位的基础能力之一。高校教师的专业技能主要体现在其对课程教学活动的设计能力、专业知识的讲解能力、教学资源的收集和运用能力、课堂教学的控制能力、课后与学生的沟通能力等多个方面。专业技能高低主要依赖高校教师的独立思考和灵活应变能力。因为专业技能最直接的表现是在课堂教学中，当原计划的教学活动遇到实际问题的时候，教师没有过多的时间进行深刻的思考和资料的收集，往往在与学生的互动中迅速做出反应。这是非常直接的反应。在大数据时代到来之际，高校教师应该在宽厚的专业知识基础上，重点发展个人在专业技能上的实践操作能力、过硬的教育能力和良好的创新能力，达到信息化时代对高校教师的新要求。

（五）从工作领域角度分析高校教师教学能力的结构

所谓的工作领域是工作的实施范围，是有着相对专业性的内容组成成分。无论从事什么工作，在工作实施过程中都会出现问题。当问题出现时，工作者会根据个体对问题的认识程度而有意识地干预和解决问题。某一工作的问题不断地产生之后就会促使该工作的实施领域不断地扩大。所以，从工作领域角度分析高校教师的工作实施领域根据其工作对象的范畴和工作实施的难度分为了宏观层次、中观层次和微观层次。

1. 宏观层次

高校教师从事教学工作领域工作所需要的宏观层次的教学能力主要指的是对其所在专业的发展和规划能力。这一方面的能力具体指的是教师在了解国家教育整体发展规划、该专业未来五到十年的发展规划、社会对该专业人才的需求情况、用人单位对该专业人才的具体岗位要求和报考该专业的学生发展的特质等信息基础上，能够主持或参与本校该专业建设的专业特色、专业定位、人才培养目标和具体专业人才培养方案的制定工作，能够系统的把握专业培养目标、专业核心能力、课程体系、教学方法、教学评价、教学条件、师资团队等因素之间的关系，并明确在人才培养方案实施过程中对各个因素提出的要求和可能存在的问题。

高校教师从事教学工作领域工作所需要的宏观层次的教学能力不是所有专业教师都具备的，也不是成为高校教师之后一下子就可以拥有的能力。高校会重点培养专业教学团队中的专业带头人或专业负责人这方面的教学能力，也期望教学团队的所有成员可以将专业发展和学科研究融入本人负责的课程教学过程，有益于实现学术型的教学目标。

2. 中观层次

高校教师从事教学工作领域工作所需要的中观层次教学能力主要指的是针对本专业课程体系中的某一门课程的开发能力。这一方面的能力具体指的是教师在了解该课程在专业课程体系中的地位、作用、前导课程和后置课程等基础信息的情况下，明确该课程的教学目标，选定教学内容，收集和制作课程教学资源，指定课程考核方式，并最终按照教学大纲和课程标准实际完成了课程的教学工作。

3. 微观层次

高校教师从事教学工作领域工作所需要的微观层次教学能力主要指的是针对本专业某一课程为教学单元的设计、开发、利用、管理和评价等方面所需要的教学能力。以《市场营销学》课程为例，其企业市场营销观念这一知识点或产品策略这一章节的教学设计、开发、利用、管理和评价所需要的教学能力。从工作领域角度分析高校教师所具备的教学能力结构，微观层次的能力是中观能力和宏观能力的基础，宏观能力是对中观能力和微观能力的指导和支持。

（六）从教学活动角度分析高校教师教学能力的结构

在教育学家的眼中，教学是师生之间针对专业知识、技能和道德规范等方面进行互动讨论的活动。在互动过程中，教师能力是决定教学活动中教学效果、教学过程等方面的关键因素。高等教育活动亦如此，也需要通过明确教学能力的性质、构成及其在教学活动中的动态过程来帮助提高教师的教学能力。

1. 以社会学理论为基础

教学活动中所需要的高校教师教学能力结构以社会学理论为基础，教学活动是一种以智力表现为基础的、以人类为主导的学习型活动。在智力成分中，对教学活动影响最大的、最重要的是分析能力、创造能力和实践能力。

（1）分析能力是指分析、判断和评价教学活动的能力，主要对教师讲授知识的准确性、全面性和系统性造成影响。

（2）创造能力是在教学活动中表现出来的发现、联想和创造能力，主要对教学活动所体现的教育理想、实行的教学设计、采用的教学方法等方面的开放性、灵活性、启发性造成影响。

（3）实践能力是在教学活动中表现出来的运用专业知识解决实际问题的能力，主要对教学活动实施过程中体现的控制能力和应变能力造成影响。教学活动具有多变和灵活的情境特点,会因为参与者的不同、实施的实践差异而导致活动过程截然不同。高等教育的教学活动的这一特点则更加明显。因此,在从教学活动角度分析高校教师教学能力时,其实践能力的要求更高一些。

2. 以艺术科学理论为基础

教学活动中所需要的高校教师教学能力结构以艺术科学理论为基础,教学活动既充满了艺术创造的色彩,其发生的过程无迹可寻,又具备了科学活动的严谨,多次重复的教学活动明显表现出了规律性的东西。总结多种多样多专业的高校教学活动的特点,将所需教学能力分为三类:教学认知能力、教学操作能力和教学监控能力。

(1)教学认知能力就是高校教师对于所讲授课程的教学目标、教学任务、教学对象、教学方法、学情的认识和理解,具体表现为:分析理解教学大纲和课程标准的能力、事先选择教材和事后处理教材的能力、教学活动的设计能力、对于教学对象的特点和学习需求的了解、学情分析的能力等。在教学能力的结构中,教学认知能力是最根本的、最直接的能力,直接关系到高校教师课前准备的质量和教学活动设计的水平。

(2)教学操作能力就是高校教师在教学过程中为了实现教学目标不断处理教学问题的能力。从教学操作方式来看,该能力具体表现为:能够准确、条理清晰、逻辑明确、结构连贯表达的语言能力,具有一定感染力、表情丰富、形态端庄的非语言表达能力和科学合理的运用现代化信息技术辅助教学能力。从教学操作活动内容来看,该能力具体表现为:能够选择合适的表现方式进行合理编排教材内容、排列教学次序的能力,能够充分激发教学对象的学习兴趣和热情、采取科学合理的教学手段、积极进行课堂教学互动、基本按照教学计划实施教学活动的课堂组织管理能力,能够采取适当的教学评价工具来及时获得教学反馈信息的教学评价能力等。

(3)教学监控能力就是高校教师为了实现课程目标和顺利实施教学活动,对教学活动的全过程有意识、积极主动采取计划、检查、评价、反馈、调整的手段实施监控管理的能力。该能力不是所有教师都具备的,只有经过不断的教学实践和教学反思的过程才能够从实践中培养和锻炼出来。该能力也是教学能力结构中最高级的组成部分,是一名高校教师在教学活动中发挥其组织者、实施者和监控者角色的作用所需要的能力,也是教学能力发展的内在机制。

上述三种能力是互相关联的,教学认知能力和操作能力是通过教学监控能力的表现而展示的;教学监控能力则是建立在教学认知能力和操作能力基础之上的。

第二节 大数据时代对高等教育的影响

当大数据时代到来时,我们生活的方方面面都发生了翻天覆地的变化,对高等教育的影响更是一场全新的革命。在这场变革中,作为高校教学活动主体的高校教师,在大数据的冲击下更是得到了前所未有的成长和锻炼。如果没有顺应这场变革,没有适应大数据时代对高等院校教学发展提出的新要求,高校教师不仅仅不能够提高教学能力,还会严重阻碍高等教育的发展。

一、大数据时代概述

（一）大数据时代的概念

从古至今,不论中外,人类的进步得力于对教育的重视与发展。每一次科学技术的变革都会带来文明和思想的转变。在大数据时代,互联网作为这个时代科学技术变革的代表,一步一步改变了人们的认知、行为、价值观念等。作为互联网的核心内容和元素,数据是科学技术变革的代表。关于大数据时代的概念,美国最先提出了大数据研究和发展会开启一个新的时代。这个美国人眼中的新时代就是由海量数据组成的,并且通过共享和整合数据而推动时代进步。在《大数据:创新、竞争和生产力的下一个前沿》中明确了大数据的概念,即人、机、物三者通过网络互通进行高度融合,以超出传统数据软件的捕捉、存储、管理与分析的数据集合形式实现数据规模和模式的超规模的再生成。

（二）大数据时代的特点

在大数据时代里,我们能够感受到数据信息像包围着我们的空气,无时无刻无所不在。数据信息的规模化、多样化,不断地推动着社会进步与发展,引发了一场巨大的革命。在革命中,大量的数据被发掘、分裂,不停地更新着再生的速度和价值,组织处理数据的思维、方式和模式也随之产生裂变,其组织决策也拥有了更强的力度和更高的正确率。数据的交换与整合,催生了新的体系和新的价值。在大数据时代里,信息化的意义不仅仅是拥有大量数据,而且是拥有科学、正确、合理处理数据的强大能力。

二、大数据时代对高等教育发展的影响

（一）大数据时代对高等教育发展的良性促进

1. 大数据时代促进了高等教育的资源共享

原本因为地理的差异导致的不同地区的教育资源不同,最终导致实现教育公平的难度具备天然的难度。东西部的差异、城乡的区别等都是典型的例子。除了地理因素之外,由于政策扶植或者办学规模、研究水平等因素的差异,普通大学或者民办大学与985院校、211院校和双一流大学相比,已经很难实现公平教育了。但是,这些阻碍不能消除要求教育公平的呼声。在大数据时代中,通过虚拟互联网网络逐步实现了数据的标准化、统一化和公平化。在互联网世界里,人们可以享受虚拟空间的资源共享、跨越空间的障碍;可以充分感受到网络时空交互和人性化的优点。在这样的互联网上,数据可以跨越地区限制,可以充分认可人

性的重要性,并可以通过网络上的视频教学、课程交互等方式,实现全网络数据共享,大大降低了公共成本。

2.大数据时代推动了高等教育的角色转变

当教育遇上了大数据时代,思想体系的变更成为教育工作者主要研究的领域。通过互联网,高等教育必须要适应新的教学过程、教学模式、教学信息更新的速度和能力要求。因此,高等教育的神秘外衣渐渐褪去,必须告别传统教育流程终端的角色定位,逐渐探索和形成新的角色特点。科学技术对于教育活动的影响,督促着高等教育的主体不再是单方面的传授知识,而是转而形成用户思维,从学生主动学习的角度尝试各种改革创新的尝试。比如,学生管理系统的个性化和定制化改革、教学App平台的广泛使用、课程资源慕课的制作和使用等都是大数据时代高等教育改革的成功创新和拓展的例证。

3.大数据时代促进了高校与政府、社会、企业间的协同创新

在大数据时代里,人们的学习方式、工作方式和生活方式都在不停的变革中寻求新的发展模式,更多的人投入到管理模式创新、制度规则创新、科学技术创新、知识思维创新等多方面创新活动中去。随着大数据的普遍化、移动互联网的普及化、云计算使用的广泛化,协同创新成了多个相关领域在大数据时代里全新的社会发展模式,跨界与融合成为了最新的创新切入点。高等院校作为科研和教研领域的前沿阵地,凭借着卓越的创新思维和雄厚的技术基础必然要将成为大数据时代发展的主要推动者和践行者。大数据时代也注定给予高等院校一个与政府、社会、企业间的协同创新的平台。

4.大数据时代促进教学模式改革,改变传统教学方式

在大数据时代里,国家从政策方面给予互联网发展积极的肯定,也极大地鼓励了互联网技术和大数据处理技术在各领域的发展。在这样的大背景下,高等教育院校的教学模式和教学方法也必然要从内而外主动地发生质变,以教育促进科学技术的发展,进而助力于社会的进步。在大数据时代里,教学活动的主体教师与客体学生之间的媒介联系更加直接和便捷,传统的教学方式明显不符合新的教育需求了。因此,大数据时代促进教学模式改革、传统教学方式改变。

5.大数据时代的教学活动更符合教学对象的心理特征

大数据时代下,信息科学技术为高校教学活动带来了以往无法企及的信息展示方法和沟通平台。因为可以展示数量更多、结构更多样、视觉效果更好的信息,所以大数据时代下的教育活动明显更加适合教学对象(学生)的性格特点和内在需求。

(二)大数据时代对高等教育发展的负面影响

1.信息传输方式对高等教育的否定

在中国,自古以来对教育的认知就是教师要做到传道、授业、解惑。在大数据时代里,互联网为我们提供了一个跨越时间和空间阻碍的便捷的沟通平台。在这个平台上,教师可以

更加高效地实现传道、授业、解惑的教学功能。

在高校里,学生在课堂教学活动中不仅仅得到知识和技能的学习、锻炼,还能够感受到教师的性格魅力和价值观的启迪,并通过群体生活完成团队协作、活动组织和人际交往等能力的培养。更值得一提的是,学生们在接受高等教育的过程中,可以在校园内接触到更加丰富、全面的文化熏陶,可以获取更多展现自我、寻求自我、肯定自我的平台,可以在开放和自由的氛围下规划自己的人生。

2. 在大数据时代的高校教学活动中师生之间的认可度降低

在传统的高校教育活动中,教师是学生获取学科知识和观点的唯一、权威的渠道和途径。在人们的印象中,有着学者风范的老教授往往不订购课程教材,拿着自己的讲义,就某一专题侃侃而谈,为学生们打开新世界的大门。大师成了大学的宝藏,给予学生科学上的指导、精神上的引领、心灵上的启迪。

在大数据时代,受到互联网信息传播方式的强烈冲击,学生可以随时随地获取自己想要的信息。教师和教室的重要性越来越被学生忽视。网络学习可以让学生充分发挥自己的特长,自由地选择个人有兴趣的学习内容,更好地体现了创新性和个性化的人才培养特色。在这样的自由学习过程中,学生发现不通过教师也可以在网络信息库中快速寻找到学科知识和自己疑惑的问题。学生对教师的认可度和崇敬程度一而再、再而三地下降。与此同时,高校教师也意识到信息时代对自己教学的影响,通过多番尝试也很难扭转这一局面。智能手机的出现,完全打破了传统的教学模式。高校教师只能对课堂教学降低要求,并提升自己的互联网教学素质,来适应学生们的新要求。

我们必须清醒地认识到,大数据时代下互联网技术应该是为教学目标服务的技术性工具。高等教育的连贯性和系统性要求必须通过校园集体的教学活动才能够保证扎实的理论基础,并通过切实的师生互动完成实践技能的指导。互联网技术仅仅是高等教育的手段,而不能被其绑架。

三、大数据时代高等教育

(一)大数据时代高等教育的内容

在大数据时代里的高等教育内容升级主要是实现高校教育信息化的过程。这是一个内涵丰富、内容繁杂的系统工程。高校教学工作者必须在完成大量综合文献分析的基础上,梳理所在院校需要实现教育信息化的内容,完成以下五个部分的建设工作。

1. 大数据时代高校教育信息化基础建设

大数据时代高校教育信息化建设必须依靠基础设施的建设。这是高校教育内容适应大数据时代教学改革的需要和前提。比如,想要实现慕课资源库建设,前提就是学校拥有可以上传教学资源的校园网链接和数据库、拥有顺畅的网络宽带让学生们充分利用碎片化阅读时间完成课后的微课学习,等等。因此,在进行大数据时代高校教育信息化基础建设时,应保障学院官网合理化的设计、校园网络系统的安全、网络宽带的顺畅、无线网络的铺设范围、多媒体教室的IT设备和应用软件的吸纳进行、计算机终端和服务器的实施使用。只有信息化建设的基础工作完成得质量高,大数据时代下的高校教学内容才能够真正做到与时俱进,完成互联网＋教育的升级改造。但是,由于基础工作建设需要投入大量的人力和物力,一旦开始建设就不能够在短时间内进行升级换代。因此,在进行大数据时代高校教育信息化建设的同时必须要做好前期调研,综合多方面的影响因素,进行长期的统筹规划。

2.大数据时代高校教育信息化资源建设

大数据时代高校教育信息化资源是指高校内部的教学内容所涉及的各种教学资源进行电子载体转化、制作、储存和使用,是大数据时代的高等教育内容的核心部分。在高校的校园内,电子信息资源随处可见,学生在图书馆网页上查询和下载电子期刊或参考文献,在学校网页上下载精品课程资源库的教学资料等;教师在图书馆网页上查询和下载教科研资料,在学校网页上建立自己的精品课教学资源和专业网站,在办公系统里了解学校的最新动态和自己的福利薪酬,授课时制作自己的教学课件和相关规范文件等。毫不夸张地说,在高校学习和工作的人们都离不开信息化资源。

目前,各大高校都已经意识到教学内容的信息化资源建设是十分重要的一项工作,不仅能够科学化管理、建设学院,还是大数据时代高校发展的基础。但是,部分高校的教学内容资源建设存在重复性建设、资源无法实现有效共享、资源的建设质量参差不齐、利用率普遍偏低的问题。在未来的信息化建设过程中,必须将这样的问题一一解决,保证大数据时代高校教育资源信息化的高质量和高使用率。

3.大数据时代高校教育信息化应用建设

在大数据时代的高校里,在教学设计和学生管理的活动中对现代信息化技术的应用都是必不可少的。比如:学生在教务系统登录查询成绩,教师在教学系统内查询自己所授课程的信息和学生的名单,等等。在进行教学内容信息化建设过程中,必然需要建立符合高校教学管理、科研建设、行政管理、人事管理、财务管理、校园生活等多方面要求的各种应用系统。目前,在高校的教学工作中已经实施信息化应用的系统主要有:用于进行教学活动管理、在线评教、学生选课等活动的教务管理系统;用于教师教科研需要的科研项目申报、成果展示等活动的科研应用系统;用于面向学生的日常学习和生活提供相应服务、支付的校园一卡通系统;用于保障高校正常运转的由人事管理工作、行政管理工作、财务管理工作和后勤管理工作等组成的高校管理系统。

4.大数据时代高校教育信息化组织建设

大数据时代高校教育信息化组织建设是指组织机构建设、管理体制建设,是高校能够在大数据时代下推行信息化建设、互联网教学的主要推动力。其中,由于高校特色不一,各大高校所设置的组织机构不尽相同。其组织机构设计的是否合理直接影响了大数据时代高校教学内容信息化建设的组织与实施、建设水平。

5.大数据时代高校教育信息化保障体系建设

任何系统的可持续发展都离不开保障体系的建立。在高校进行大数据时代教育信息化改革的实践中必须要建立针对性的保障体系。在这个保障体系中,应包括制度保障、资金保障、教师及相关人员信息化技术保障、信息化标准和管理规范保障。其中,制度保障是在高校进行大数据时代教育信息化改革活动建设过程中为了保障活动的有效实施,针对教师制定的考核制度和激励制度;资金保障是高校大数据时代教育信息化改革活动建设所需要的资金渠道和来源结构,在保障资金的充足之外,还应开源节流;教师及相关人员信息化技术的保障是为了提升教师的信息化教学能力水平而面向教师及相关人员定期提供信息技术和信息素质的全方位培训系统;信息化标准和管理规范是指为了保障高校在大数据时代教育信息化改革活动有序可循、有章可依,能够顺利地实施而制定的相关标准和规范。

(二)大数据时代高等教育的特征

1.大数据时代高等教育具有现代化的教育理念

在大数据时代背景下,互联网＋教育的理念对传统高等教育提出了新的要求。为满足现代社会和被教育对象的要求,高等教育必须转变教育观念,树立符合大数据时代教育信息化要求的现代化教育理念。具备了大数据时代现代化教育理念的教师应该明确自身在教学工作中的重要地位和自己应具备的能力和素质。在大数据时代背景下,高校教师必须努力提升自己的现代信息技术素养,将针对学生实现终身教育作为职业观念,对课程体系、教学内容、教学手段等实现现代化改革。特别注意,在教学过程中通过互联网＋的创新媒介,重点培养学生自主学习能力和协作解决问题的能力。

2.大数据时代高等教育拥有网络化的教育环境

伴随着科学技术的发展和移动互联网的普及,现代社会生活的大环境处在逐步科技化、网络化的改变过程中。同样,高等教育遇到互联网＋之后,通过不断的探索和磨合,已经形成了比较成熟的网络化的教育环境。在这样的教育环境中,教师的教学活动和学生的学习过程都可以跨越空间、时间的限制,充分利用碎片化的时间完成知识的学习和共享活动。传统的自学教育体系是网络化教学环境的最大受益者,网络教育和远程教育的教学模式和技术支持已经非常成熟了,部分高校还确立了网络教育、远程教育与校内教育之间的学分认证制度,鼓励更多的学生通过网络教育来完成部分课程的学习。比如,一些高校在大四学生毕业实习的时候,将部分职业教育课程和创新创业课程进行网络自学和在线考试。学生既可以保证自己的毕业实习不间断,又可以完成课程的学习过程。为了最大限度地发挥网络化教育环境的优势,高校教师应该具备建立网络课程的能力,并能够充分利用网络化教育环境实现教学内容、教学方法等的改革创新,切实地提高学生的学习效率和自学积极性。

3. 大数据时代高等教育是具有交互性、开放性的教学过程

网络化的教学环境中的教学过程没有教师在现实中的指导和手把手操作。所以，大数据时代高等教育的网络化教学过程就需要教师积极与学生实现互动，为学生答疑解惑；需要教师根据学生不同的年龄、专业、风格等因素的特点而制作教学课件、教学视频、课后习题等教学资料，并通过网络课程的方式让学生自主地完成学习过程。在大数据时代下的高等教育必须要积极拓展新型教育方式，这也对高校教师提出了互联网+教育下的新要求。

4. 大数据时代高等教育具有数字化的教育内容

在大数据时代下实现的各种高等教学改革活动都必须时刻以互联网信息化技术的辅助功能为基础。高校教师在日常的教室里进行教学过程中或网络慕课的设计时，都应积极利用和制作数字化教学内容。通过数字化教学资料的使用，教师能够提高知识的使用率，也可以丰富教学内容和材料，使教学过程生动化、便捷化、与时俱进。

5. 大数据时代高等教育具有全球化的教学资源

互联网将全世界连接在一起。我们既可以获取世界各地的教学信息，也可以将自己的教学资源传递出去。教学资源在大数据时代下才能够实现全球化的共享，不仅能促进信息资源的不断更新和丰富，还有利于高校之间跨越地域的限制和语言的隔阂，有效实现交流互动，共同发展。

6. 大数据时代高等教育具有自动化的教学管理系统

在大数据时代下，高校在完成优质的教育活动的同时，必须建立有效的现代化、科学化、自动化的教学管理系统。简而言之，高校应该利用计算机管理教学活动的系统，给教师实践网络教学、信息化课程资源建设等信息化教学改革创新活动提供一个有效平台，从而切实有效地实现服务教学的功能。

7. 大数据时代高等教育实现了终身化和个性化的学习

因为高校教育在大数据时代中有效实现了现代化教学改革，为学习型社会的构建提供了广阔的平台，所以接受高等教育不仅仅是通过高考才可以实现的，也不是大学毕业就结束的，而是通过网络教育，高校可以逐步实践终身化的教育。正因如此，高校教师在大数据时代下开展的教学活动也应该充分考虑到教学的对象的实际需要，可以个性化、定制化地为其提供合理的知识内容、教学资源，采取适合的教学手段和互动方式，以增强学生的学习动机。

（三）大数据时代高等教育的目标和任务

高等教育的根本目标就是对人才的培养和学术科学的研究，并在这一过程中实现对社会的服务和对文化的传承。所以，大数据时代的高等教育应不忘初心，继续完成并实现其根本的建设目标。随着科学技术的进步和互联网的普及，高等教育的目标和任务的具体表现形式有所变化。大数据时代高等教育应该是充分利用现代化信息技术协助完成教学、科研、管理和校园管理的过程，全面提升高校办学效率、管理效率，提高教学和科研水平，实现高校

教育现代化。大数据时代高等教育的具体任务包括以下几个方面。

1. 教学活动信息化

高校的根本任务和首要任务是正常完成教学活动。大数据时代的高等教育必须在教学理念、教学模式、教学管理方式的深层变革的同时，通过综合利用现代化信息技术来提高教学质量和教学效果，促进教学活动的信息化改革有效实施。

2. 科研活动信息化

教学活动是高校保证教学质量的关键，科研活动则是高校彰显竞争优势的关键。所以，科研活动信息化也是在大数据时代下的高等教育必须要实现的任务之一。常见的科研活动信息化的途径有建立科研管理系统、建立科研门户网站等。通过科研活动的信息化，高校的科研创新能力和综合实力得以提升。

3. 管理活动信息化

在大数据时代的高等教育信息化建设过程中，高校日常管理的信息化也非常必要。管理活动信息化就是为了实现高校高效率的现代化管理，将教学、财务、人事、学生、行政、党政等方面的管理工作都实现管理自动化、信息共享化，来提高整个高校信息化改革的速度和效率。

4. 校园生活信息化

高校工作中最重要的两个部分是教学和学生管理工作。鉴于此，针对学生管理工作建设校园生活信息化，为全校的教师、学生、工作人员提供更加优质化、人性化、智能化的服务项目。

四、大数据时代高校教师教学能力与传统教学能力的区别

基于对大数据时代高等教育的充分研究，可以看出高校教师所具备的传统教学能力与大数据时代高等教育的要求相距甚远。大数据时代高等教育要求教师所具备的教学能力是在传统教学能力的基础上突出现代化信息技术的重要性，对其教学内容和教学方法进一步改进完善。这就要求教师在其教学态度、专业知识和教学技能方面积极转变，并加强学习。

首先，高校教师应该提升信息化教学能力，将教学设计以及教学内容转变为让学生学习而设计教学内容、学习情境。其次，高校教师除了应具备所讲授学科的传统系统的知识和一般教学方法外，还应该掌握计算机技术、多媒体技术、网络信息技术等。大数据时代要求高校教师掌握专业知识、教育学知识、现代化信息技术等多领域、多层次、交叉性、全方位融合的知识体系。最后，高校教师在大数据时代里为了更好地胜任教学工作还应在掌握板书字体技能、课堂教学能力、控制能力等一般课堂教学技术的基础上尽可能学会计算机操作、多媒体信息设备操作、互联网信息资源的设计开发等技能。

第三节　大数据时代高校教师教学能力的涵盖

一、大数据时代高校教师教学能力

对于教学工作来说,教学能力不仅影响教学质量,还影响学生通过教学活动获取发展能力。一名具备良好教学能力的教师不仅能够提高教学效率、教学质量,还可以促进学生的良性发展。教学能力的重要性在各个不同层次的教育领域中均有所体现,高等教育领域亦如此。

随着大数据时代的到来,信息化技术的应用转变了高校传统的教学环境,也对高校教学活动中教师的教学能力提出了更多、更新的要求。这些要求主要体现在教师是否具备大数据信息素养、是否能够使用专业教学相关的数据信息处理教学中出现的问题、是否可以综合运用现代化信息技术提升教学质量并激发学生的自主学习兴趣,进而提高教学效果等。换句话说,大数据时代的出现,给予高等教育重新定义高校教师教学能力的机会。

目前,针对大数据时代高校教师教学能力的定义或者内涵的认识还没有达到统一,尚未形成被普遍认同的概念。不同领域的学者都根据自己研究的目的和需要从不同的方面做出了大数据时代高校教师教学能力的解释。但是针对大数据时代高校教师教学能力强调了在大数据时代,由于现代化信息技术的发展、互联网的普及和智能移动终端的推广所引发的高校教学活动中教师本体和学生客体的互换、教与学的转变对教师综合素质、教学能力提出了新要求。在大数据时代里,高校教师传统的知识灌输者的身份已经不再存在,取而代之的是教学活动组织者、课程资源的收集者、教学过程的引导者、学生自学活动的协作者等将多重身份整合为一体的新身份。因为新身份的出现,高校教师的教学重点也从传统的教学设计、知识讲授、课堂监控等方面转变为以学生为主的教学工作,除了保证传统的教育功能外,更注重整合数据资源、协调学习过程、引导学生自主学习过程、提供平等的咨询活动等方面。这种质的改变,要求高校教师具备大数据信息素养,掌握有效收集、整合数据资源的能力,提升以引导和协助学生自主学习为中心的教学实施能力。

综上所述,我们认为,大数据时代高校教师教学能力是教师以大数据信息素养和合理运用现代化信息技术来改进高校教学活动、进行科学研究以及总结反思的能力。具体能力包括:对教学实践活动中需要或者出现的相关数据具有敏锐的数据意识;协助学生完成课前信息收集、自主学习的阶段对网络信息所需的鉴别能力和整理能力;对获取和收集的数据进行分析、汇总与解读的能力;引导学生设立学习目标,为学生创造合适的学习条件,给予学生学习的鼓励和支持的教学协作能力;对于学生进行规范化的自主学习过程中有效数据采集的能力;通过对学生学习行为、过程、效果的分析,查找教学中的不足和问题,并进行反思,及时调整教学活动的能力等。

二、大数据时代高校教师教学能力结构层次

在大数据时代，进行信息化教学改革不仅仅是一种进行课堂教学活动的工具，更是大数据时代独特的教育方式。这种独特的教育方式只有融入教师的教学设计和教学过程中才能够发挥它的实际价值。所以，在大数据时代高校教师必须具备将互联网信息科学技术与传统的教学能力进行有效融合的能力。这时候的高校教师教学活动和专业发展的全过程将会充分体现现代化信息教学的特色，其结构层次也将发生新的变化。

（一）基础知识层次

在大数据时代下高校教师开展现代化教学活动时，应具备基本的知识和技能。这部分基础知识层次包括基础的学科知识、一般的高校教学规律和教学方法的知识。特别值得一提的是，在教学方法的知识更新过程中，更加体现大数据时代的特点，将现代信息化和数据化处理方法、教学新媒体的特点与一般教学方法充分融合，灵活应用。

（二）主体知识层次

在基础知识层次的基础上，高校教师还需掌握关于本学科的教学方法的知识、大数据化的学科知识和信息化教学方法的知识。针对不同学科的特点，将学科的基础知识进行分解，与适合的教学方法进行深层次的融合，进而形成了学科的教学方法；教师将学科知识与互联网时代大数据采集、整理、处理、展示等多种现代化信息技术知识相融合，形成了大数据化的学科知识和信息化教学方法的知识。高校教师在大数据时代里实现真正的教学能力信息化转化的关键就是其对这部分知识和能力的理解和灵活运用。

（三）延伸知识层次

当高校教师能够将其所讲授知识通过现代化信息技术实现科学化、合理化的转化之后，能够提高教学效果的同时也对本学科的知识体系有了更新的思考和更深刻的探索。大数据时代高校教师的教学能力应该包含利用现代化信息技术进行教学活动时对学科知识的反作用，利用信息化技术对学科专业知识和技能的发展、学科教学方法改进的发挥促进作用。

三、大数据时代高校教师教学能力标准

（一）大数据时代高校教师教学能力的依据

大数据时代对人类的能力要求产生了巨大的影响。人类的生产能力、人际交往能力，以及群体之间的密切联系，甚至国家和民族的交往都体现了一种信息化和互联网＋的特点，人类的生存逐渐体现大数据特色和信息符号的特点，网络也快速地渗透到了各行各业，成了我们工作、学习和生活中不可缺失的组成元素。

大数据时代社会将人们的生存活动从物理空间转化为电子空间，并将人们的生存活动

释放在一个松散、广阔、自由的空间里。人类得到了空前的自由的同时,也获得了高度的话语权。这时,人们在大数据时代下能否依靠自己的知识、技能和智力完成某项活动所体现的能力表象就变得更加需要人类内在个性的稳定性和对身心的把控能力。鉴于此,高校对所培养对象制定的培养标准也具备大数据时代的特色,即除了掌握专业能力、社交能力之外,还应具备获取数据信息、处理数据信息的能力,自我提升和处理问题的能力,自我调节和控制能力等。作为培养人才和实施教学活动的高校教师,更应该时刻把握大数据时代人才培养特点,完善自身的教学能力结构,提高教学水平。

在大数据时代,高校教师依托互联网平台可以获取、传播和处理大量数据,并在虚拟环境中展开学习和研究工作,更可以实现远距离教学交流或协作研究。所以,在大数据时代下,高校教师必须不断学习新知识、新技术,不断丰富自己的知识储备、探索自己的学科发展、提高自己的教学能力,才能够有效完成本职工作,实现个人生存价值。因此,在大数据时代下,高校教师应具备的全新教学能力的依据可分为以下几个方面。

1. 高校教师从事的开发人类智力的工作

因为教学工作是开发人类智力的工作,所以教师行业是智力高度密集的行业。以学历为依据能够反映其专业知识、实践技能和科学研究的基本能力。除此之外,还应要求高校教师掌握将自己所学知识、所掌握技能、所具备的思考探索能力通过复杂性和创造性的教学活动转化为学生能够感受、学习和掌握的学科知识的能力。简单来说,就是要求高校教师不仅在本专业上精通,具备适用能力、创新能力和科研能力,还应该具备将知识合理转化的教学能力。

2. 在大数据时代高等教育的学科资源共享存在难度

目前,我国的高校在理学、工学、农学、医学等一级学科的基础上,又将一级学科分若干二级学科。学科门类非常复杂,且学科之间的差异性也非常明显。传统的高校教师之间的合作交流通常都局限于本学科的各个专业,但是在大数据时代里这样浅层次的交流显然不符合现代信息化技术发展的需要了。这就对不同专业高校教师如何实现资源共享、如何适应多学科交叉发展的教学工作提出了新的要求。比如,一所医药类院校,营销专业的教师除了应具备医药营销行业的基本教学能力外,还应具备医学营养专业学生从事食品保健类产品的营销工作、医疗器械维护与管理专业学生从事医疗器械产品的营销工作、口腔医学专业学生从事口腔设备的营销工作、老年服务与管理专业学生从事老年人产品的营销工作等多专业融合的营销专业科学的教学能力。

3. 大数据时代学生能够获取丰富的信息,对教师的专业化提出挑战

互联网为我们打开了一道数据库的大门,让我们可以轻易地获取丰富的数据,充分了解我们想要知道的一切信息。面对学生用手机百度百科就能够知道国际贸易的定义的局面,高校教师要如何用自己的方式告诉学生们不一样的、符合他们思维的、更切合实际的国际贸

易定义呢？这是目前大数据给高校教师提出的最大的挑战。另外，在学生们能够快速地掌握新生事物的同时，他们也习惯了"网络打开，一切无忧"地了解世界的方式。这些对高校教师的传统课堂教学提出了新的要求。尽管高校教师也是大数据和互联网的受益者，但是毕竟目前的高校教师还不像学生一样从小就接触网络，还无法自然产生对信息化技术的天然的思维方式。为了满足大数据时代的大学生对知识的需求和获取知识方式的新要求，高校教师必须应用新的思维方式，掌握现代化信息技术，充分提高自身的大数据信息素质。

由此可见，承担着培养创新人才重任的高校教师在大数据时代下必须具备大数据时代的教育思想、教学方法，才能够培养出符合时代要求的高素质综合人才。

(二)大数据时代高校教师教学能力的标准

根据大数据对高校教师教学能力的要求，制定其教学能力的标准可分为以下几个方面。

1. 大数据时代高校教师技术知晓能力

首先，高校教师应对大数据应用技术在当前社会生产和人民生活中的应用情况有所了解。大数据时代高校教师技术知晓能力的标准是高校教师应该树立大数据信息意识，充分了解在社会生产领域、流通领域和高等教育发展领域等应用现代化信息技术的程度和水平。其次，高校教师要知道当前现代化信息技术与信息化产品的最新发展情况。该技术知晓能力的标准不仅要求高校教师对现代化信息技术的知识和技术发展具备敏锐的洞察力、能够自觉学习并在实际教学工作中应用最新的大数据应用技术，还要同时具备大数据时代思维方式和现代化信息创新能力，提高利用信息技术解决教学难题的能力。

2. 大数据时代高校教师技术应用能力

首先，高校教师能够利用现代化信息技术处理日常生活的事情和工作的公务。该技术应用能力的标准是要求高校教师具备收集数据信息的能力，并将个人教学工作中产生的数据信息对外发布；要求高校教师能够利用现代化信息技术实现教学和办公的智能化，可以利用网络支付、网络业务办理、网络购物等功能方便自身日常的生活，可以利用网络教学平台完成教学辅助工作。其次，高校教师能够利用现代化信息技术支持教学工作和自己的终身学习。该技术应用能力的标准是要求高校教师能够将大数据信息理念融入教学设计中，将现代化信息技术融合到教学过程中，充分利用数字化教学、网络化教学和数字化工具进行教学；可以利用技术资源促进个人专业能力的不断发展和保持终身性学习。

3. 大数据时代高校教师技术文化能力

首先，高校教师应具备将数字公民模式，即要求教师能够通过网络实现教学行为模式。该技术文化能力是要通过互联网调查，改变自身学习的方式和工作的技巧，要建立和保持与同事或者更大范围内的人群之间实现数字化的沟通，实现交流与合作。其次，高校教师应具备大数据意识，强调高校教师要转变观念，适应时代的复杂性和潮流的变换；强调高校教师要充分认识到数据共享的智慧，利用大数据的开放性和大数据技术的功能性来改变教学过程,降低教育成本,提高教学效果;强调高校教师要遵守大数据时代数字化资源的使用规范、应用规则,并积极培养自身的信息化时代的道德修养和文化情操。

第二章 高校教师教学能力发展机制研究

第一节 高校教师教学能力概述

一、高校教师教学能力的内涵与特点

(一)教学能力

在教育学研究领域,能力是指人们为了完成某一特定任务所具备的个人心理特征、知识、技能和态度的集合。泰格拉尔(Dineke E. H. Tigelaar)等认为,教学能力是一个综合的个人特征,是支持在各种教学情境中满足有效教学绩效所需要的知识、技能和态度。这一概念清楚表述了教师教学过程中存在着各种情境差异,教学能力需要具备应对不同情境的胜任力;另外,把个人特征区分于教学知识、技能和态度而独立存在。

(二)高校教师教学能力的内涵

对于教师教学能力的界定,存在着不同的视角,学者们从教学任务完成、教学实施流程、心理学、教育学、教师专业发展、多学科、分层次等多个视角和立场上对教学能力和高校教师教学能力进行概念的界定或阐述,各有侧重和偏向,笔者参考定义所在的文献,对引用较多的概念进行归类罗列。

1. 能力结构分析的视角

由顾明远主编的《教育大辞典》对教师教学能力定义为:"教师为达到教学目标,顺利从事教学活动所表现出的一种心理特征,由一般能力和特殊能力组成。"申继亮等认为,教师教学能力是"以一般能力(智力)为依托,通过特殊能力表现出来的一般能力与特殊能力的结合";教学能力作为一种特殊能力,其特殊可以区分为不同层次,即教学能力的智力基础→一般教学能力→具体学科教学能力,其特殊性依次升高。强调教学的科学性和艺术性、客观性和主观性、创造性、一般性和特殊性等特点,其中,一般能力主要指教师的智力,特殊能力主要指教师实施教学活动的能力。

2. 教学任务完成的视角

余承海、姚本先认为教学能力是顺利完成教学活动所必需,并直接影响教学活动效率的个体心理特征;是通过教学活动将个人智力和教学所需知识、技能转化而形成的一种教学素

质,它依托于一定的智力,是以认识能力为基础,在具体学科教学活动中表现出来的一种特殊能力(专业能力)。突出教师完成教学任务所必备的基本知识和技能。

3. 教学实施流程的视角

迪·芬克(L. Dee Fink)认为高校教师的教学能力一般由四个维度组成:教师具备良好的专业技术知识、课程设计的能力、与学生沟通交流的能力以及教师进行教学实施和教学管理的能力。

4. 知识结构分析的视角

教师的知识结构可分为本体性知识、条件性知识和实践性知识;本体性知识是指教师所授学科的专业知识;条件性知识是指教育学、心理学、学科教学法等知识;实践性知识是指教师通过对自己教育教学经验的反思和提炼所形成的对教育教学的认识。作为一名专业的教师,应该具备普通文化知识、学科专业知识和教育学科知识三大方面的知识,这些知识的掌握和运用程度是衡量教师专业化水平的最重要标志。

5. 学科研究的视角

吕纪增和张予英认为大学教师教学能力应该包括:"统驭学科内容的能力、教学自控能力、教学的科研能力、教学的组织管理能力、信息沟通能力、操作计算机的能力、培养学生自学的能力。"朱欣欣认为教学能力包括:教学设计能力、教学组织能力和教学研究能力。王少良认为教师教学能力可归纳为以下四个方面:教材转化能力、教学研究能力、教学创新能力和科研成果的转化能力。这些观点在之前的观点上增加了教学研究和科学研究,认为这两者可以更好的支持教学能力的发展。

6. 师德养成的视角

潘懋元认为,大学教师发展的内容应当包括三个方面:学术水平——基础理论、学科理论、跨学科的知识面;教师教学知识和技能——教育知识和教学能力;师德——学术道德、教师教学道德。"学高为师,身正为范",态度和意识对于教师这一教学非常重要。师德是教师教学能力提升的道德基础,教师需要具备一定的教学情操,具有较强的责任感与义务感。

7. 综合素质分析的视角

腾祥东认为教学能力包括:组织管理能力、运用现代教育技术的能力、教会学生学习的能力、教学实践能力、教学反思能力、教学监控能力、教学研究能力、终身学习能力。林永柏提出教学的十种能力,包括:教学目标、教学任务的认知能力;教学方案的设计能力;教学内容的驾驭能力;学科内容的评价能力;教学表达能力;选择和运用教学方法、教学媒体的能力;课堂教学的组织管理能力;教学活动的调控能力;培养学生终身学习的能力;教学创新能力。

8. 能力评价的视角

吴亚秋针对高职院校教师提出包括7个一级指标、30个二级指标的教师教学能力评价体系,分别是:①教育教学能力,包括教师素养、知识结构、教学技能;②课程开发与建设能力,包括课程改革与建设、专业建设、与行业企业合作开发工学课程、校企合作开发教材、精品课建设等能力;③课程资源开发及利用能力,包括校内外实习实训基地、图书馆与阅览室等资源的利用能力、虚拟资源与网络等信息化资源的利用能力;④实践教学能力,包括实践操作、实践教学设计、实施与考核评价、实践指导、示范讲解等能力;⑤教学科研能力,包括教学基础建设、学科建设、承担教研教改课题、发表教研教改论文及论著、科研成果获奖、教研教改获奖能力;⑥社会服务能力,包括与企业合作开发课程和教材、知识和技能培训、技术指导、对口帮扶、企业实践;⑦其他,包括学历、继续教育、创新理论的学习与实践。从评价角度看教学能力的内涵更有实操性和可评价性。

(三)高校教师教学能力的特点

高校教师的教学能力不同于中小学教师的教学能力,主要表现在:

第一,人才培养目标和教学目标不同。

第二,教学内容的知识结构不同。高校的专业性强、学科分类多。

第三,作为教学对象的大学生群体,其心理和行为特征比较成熟;教师充当着引导者、组织者、参与者、促进者、设计者和合作者的角色。

高校教师是大学共同体最重要的组成部分之一,其教学能力既是高等教育质量的形成的重要保障,又体现了高校的核心竞争力。但是,高校教师的教学能力的提升是一个相对困难的问题,因为它具有以下特点。

1. 复杂性

"教师的劳动是塑造人的劳动,即从事劳动力的再生产、科学知识的再生产和社会成员的再生产的一种特殊的劳动。"教学原本就是一个十分复杂的过程,具有过程和结果的突发性和不确定性。它涉及到教师、学生、教学内容、教学资源、教学环境和教学活动等诸多要素,又受到教师、学生内部的身心状态和外部条件的影响。教师要在复杂的教学中取得有效的教学效果,其应该具备的教学能力也具有像教学一样的复杂性。正是这种复杂性决定了教师是一个专业程度很高的教学,须是经过专业训练的人才能胜任。

2. 专业性

教师素养的高低直接影响未来国民的素质,直接关系到国家和民族的未来。随着社会的发展,新知识、新技术、新发明的不断涌现,对人才的素质要求越来越高,教师在培养人的过程中必须掌握专门的知识,经过专门的训练才能胜任教师教学。我国的《教育法》更是明确地规定"教师是履行教育教学职能的专业人员"。在这里,专业即指的是拥有专门的知识论基础,具有特定伦理定向的特殊教学;专业还意味着一种资质——从事某一特殊行业所必须具有的资格;只有具备了这个资质,取得了相应的资格证书才能从事这个行业。

3.实践性

教师的教学能力具有很强的实践性。首先,教学能力是一种行动能力。教师的奇思妙想不是教学机智,如果教师不具备将思转化为行动的能力,则他/她不拥有教学机智。在这种意义上,教学机智是实践智慧的外显。其次,教学能力发生在特定的教学情境中。教师的心血来潮不是教学机智,前者完全不顾时空背景的限制,任性而为,后者则对教学情境具有独特的敏感,其行动必与当时当地的情境相契合。最后,教学机智是教师在教学中的即席创作。一方面,教学机智具有相当的灵活性,所以它不是单纯的教学技能或技巧,而是教师创造性行为的表现。另一方面,教学机智具有一定的严肃性,所以这种创作不能随心所欲,其依据为特定的教学情境和教师对该情境的认识及把握。换言之,教师既要充分发挥自身的创造力,又要做到具体问题具体解决,选择当时情境下最佳的行为方式。

二、高校教师教学能力发展的理论基础

高校教师教学能力发展由多个理论基础支撑,其中,终身教育理念、教师专业发展理论、多元智能理论对本研究具有较重要的启示。

(一)终身教育理念

终身教育是完全意义上的教育,它包括了教育的所有各个方面,各项内容,从一个人出生那一刻起一直到生命终结时为止的不间断发展,包括了教育发展各阶段各个关头之间的有机的联系。只有通过不断地努力学习和研究,人才会有更大的潜在可能性去有效地迎接他一生中遇到的各种挑战。

终身教育理念下的高校教师教学能力培养和发展无法一蹴而就,不能一朝一夕速成,是一个贯穿教师教学生涯的长期的、持续的过程,是在外因和内因作用下的不断积累。

与终身教育理念相关的理论主要包括成人学习理论、自主学习理论和协作学习理论。教师积累了丰富的知识经验,具有较强的学习能力和自我价值观,其能力的发展遵循一定的客观规律。

终身教育理念对本研究的启示:第一,为本研究分析教师教学能力的结构和构建教师教学能力体系模型提供理论指导;第二,为本研究提出教师教学能力发展机制和策略提供终身学习方法指导。

(二)教师专业发展理论

教师专业发展阶段理论是一种以探讨教师在历经职前、入职、在职以及离职的整个教学生涯发展过程中所呈现的阶段性发展规律为主旨的理论。教师专业发展主要是教师个体在教学水平上不断提高的过程,也即是教师提高专业精神、专业知识、专业能力,更新教育观

念,从一个成长阶段不断进入更高成长阶段的过程。伯林纳(D. C. Berliner)从教师教学专长发展将教师教学分为五个阶段:新手教师、熟练新手教师、胜任型教师、业务精干型教师、专家型教师。教学能力发展是教师专业发展的核心内容。

教师专业发展理论对本研究的启示:第一,在宏观层面上为教师教学能力结构模型的构建提供了分类归纳分析的模板,指导教师教学能力体系的构建;第二,为本研究提出的教师教学能力专题培训机制提供理论和方法指导。

(三)多元智力理论

心理学家霍华德·加德纳教授在其著作《智能的结构:多元智力理论》一书中提出了多元智力理论,认为人类的智力至少应该包括以下几种类型:语言智力、逻辑数理智力、视觉空间智力、音乐节奏智力、身体运动能力、人际交往能力、自我认识能力、技能智力等。多元智力理论启示高校教师教学能力是多维的、多层的综合性能力结构。

多元智力理论对本研究的启示:第一,从智能的分析视角为教师教学能力的结构要素分析提供方法论;第二,多元智力理论为本研究的教师教学能力发展策略研究提供理论指导。

(四)学习动机理论

动机是对所有引起、支配和维持生理和心理活动的过程的概括。学习动机是指能够直接推动学习者进行学习活动的内部动力,一般分为内部动机和外部动机。学习固然需要兴趣等内部动力,但外部诱因有利于激发和维系学习活动。学习动机理论包括强化理论、人本主义的需求理论、认知心理学的成就动机理论和归罪理论、社会学习论的期望价值、班杜拉的自我效能感理论、马斯洛的需求理论等。

学习动机理论对本研究的启示:关注教师的自我效能感和需求,综合使用多种有效的外部机制,更好地激发教师对教学能力提升的内部动机。

三、高校教师教学能力的结构模型

高校教师教学能力的结构模型是高校教师教学能力发展和评价的逻辑起点。如图2-1所示,高校教师的教学能力结构模型主要包括教学知识(文化、专业、教学法、实践)、教学技能(设计、实施、管理、评价、教育技术应用)、教学特质(素养)(智力、意识、兴趣、态度)、社会责任(发展观、价值观、公平、师德),形成高校教师教学能力体系。

教学知识、教学技能、教学特质、社会责任四个主范畴具有逐步提升的层次关系。教学特质是结构模型的基础和基本要求;教学知识和教学技能是在教学特质支持下的教学实施要求,两者互为促进;社会责任是从更高、更深的层次思考教师教学能力的组成。第二、三层分别以各自的下一层为基础,对作用于和提升下一层的能力。

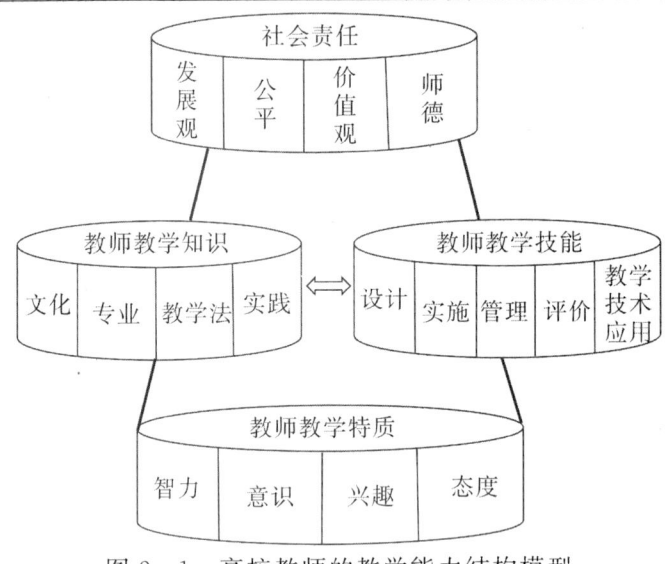

图 2-1 高校教师的教学能力结构模型

(一)教师教学特质

教师教学特质包括:个人智力、教学意识、教学兴趣和教学态度等四部分;它们之间相互依存,相互支持,相辅相成,成为一个不可分割的整体。其中,教师个人智力是教师教学意识、教学兴趣和教学态度的基础;教学意识和教学兴趣直接决定了教师的教学态度;而教师的教学态度则在很大程度上决定教育质量的高低和教师专业发展的未来。

个人智力:根据斯腾伯格的成功智力理论,可以将智力分为分析性思维能力、创造性思维能力和实践性思维能力。在高校工作的教师应具有卓越的智力水平,成为社会发展的脊柱和精英。

教学意识:能够敏锐地认识到高等教育在社会发展中所处的地位和作用;自觉按照高等教育发展规律和大学生身心发展规律为每一位学生提供优质教学资源;有良好的专业发展和团队合作意识。

教学兴趣:热爱高等教育,对高等教育发展十分关切;将从事的教育工作视为终身事业,勇于追求事业上的成就。

教学态度:尊重、关爱、信任学生,有强烈的教学理想和敬业精神。

教师教学特质的基本结构体系如图 2-2 所示。

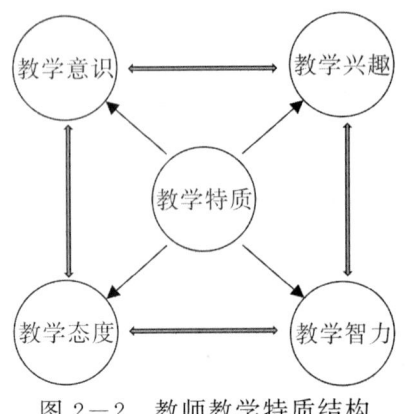

图 2-2 教师教学特质结构

(二)教学知识

所谓教师教学知识,是指教师掌握的、能够有效支撑自身教学活动所必需的各种知识,是"教师在揭示其教学哲学以及为政策制定者提供建议的时候,所表现出来的知识、观念、见解以及理解"。专业知识在教师的成长与发展过程中居于核心地位,是教师从事教育教学工作的必要条件和自身素养的集中体现。高校教师要能够较好地完成教书教学育人的任务,具备较为广阔的知识视野和完备的教学知识体系。

教师的教学知识体系一般由普通科学文化知识(通识性知识)、学科专业知识、教学知识和实践性知识等四部分构成,其体系结构如图 2—3 所示。

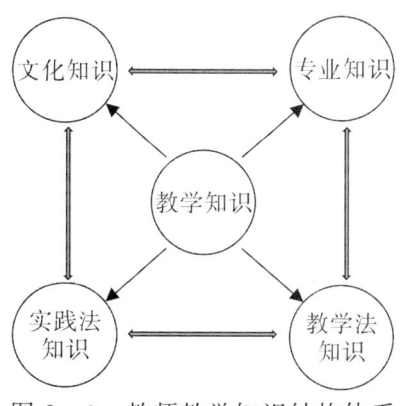

图 2-3 教师教学知识结构体系

通识性知识:是指教师所拥有的、有利于开展有效教学工作的普通科学文化知识。这种知识是教学之树的庞大"根系",是创造"教书育人"氛围的主要内容。教师的通识性知识需要通过广博的阅读才能获得,广泛阅读可以最大可能地汲取人类的优秀文化和科学智慧,为教师的教学培育底气与滋养灵气。宋代大儒朱熹先生曾经说,"问渠那得清如许?为有源头活水来"。教师成长的力量可以从前人的智慧中得到,教师热爱阅读,也必将带动他的学生也热衷于阅读。

学科专业知识(Content Knowledge,简称 CK)。对高校教师而言,其知识结构要求博大而精深——清楚学科的专业知识的历史沿革、当前发展、趋势与前沿。专业化的学术能力是构成高校教师教学能力的基础,高校教师全面深入地掌握本专业知识是进行教学活动的基本前提。教学过程中需要教师具备扎实的学科专业知识和学术功底;教学内容与时俱进需要学术敏感性,对学生产生感染力需要高深学识。

教学知识(Pedagogical Knowledge,简称 PK)也称教学的方法性知识。它不但包括从事教师这一教学所必须具备的教育科学理论等最基本规律性知识,还包括教授某一具体学科所需要的教学方法及基本知识,这是顺利完成教学任务的必备条件。

学科教学法知识(Pedagogical Content Knowledge,简称 PCK)是教师专业发展理论研究中早已成熟的概念。其提出者舒尔曼(Lee S. Shulman)第一次将"学科知识"(Content Knowledge,简称 CK)与"教学法知识"(Pedagogical Knowledge,简称 PK)联结起来,形成了教师的专业核心知识结构,成为教师专业发展的核心内容。"技术知识"(Technological Knowledge,简称 TK)也是教学知识的一个重要组成部分。

实践性知识(Practical Knowledge)指的是教师在面临实际的课堂情境时所具有的课堂背景知识以及与之相关的知识,它更多地来自教师的教学实践,具有明显的经验性成份,是教师教学经验的累积。

(三)教学技能

所谓教师教学技能,是指教师得以顺利乃至完美地完成教育教学任务所须具备的教学活动能力,具有实践性、稳定性、发展性和差异性等特征。它包括教学设计能力、教学实施能力、教学管理能力、教学评价能力和教育技术应用能力等五大方面,如图2-4所示。

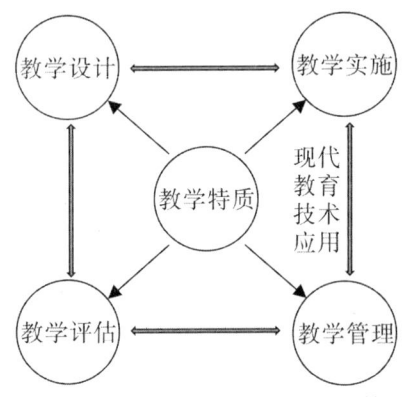

图 2-4　教师教学技能的结构体系

教学设计能力:教学设计是根据教学对象和教学目标,确定合适的教学起点与终点,将教学诸要素有序、优化地安排,形成教学方案的过程。教师的教学设计能力主要包括分析专业课程标准、教学内容和分析学习对象,设定教学目标,确定教学重难点,精选和补充教学资源,确定教学方式和方法,编排教学过程和教学活动等能力。

教学实施能力:教学的组织实施主要包括教学方式、方法和教学手段的应用、教学活动的组织、教学进程的调控、应变突发情况等能力。教学方式、方法和手段,对教师组织和实施教学、落实教学目标至关重要,直接关系和影响着学生的学习效果。教学方式、方法与手段,是相辅相成的关系。教学方式,是教师组织教学的活动方式;教学方法,是教师实现教学活动方式的具体方法;教学手段,是配合方式和方法借助的工具。不同的教学方式需要不同的教学方法和手段支持。

教学管理能力:是指教师在教学过程中调动学习者的积极性,有效控制教与学的进程,最大限度实现教学目标的能力。它主要包括:激发学习动机、带动积极参与、管控教学过程、调节教学进程和监控教学活动的能力。

教学评价能力:教学评价能力是指教师按照目标多元、方式多样、注重学习过程的原则,将量化评价和质性评价相结合,构建一个多元、连续、注重表现的评价体系,从知识与技能、过程与方法、情感态度与价值观等方面对学生进行全面评价的能力。通常教师应该采取定性和定量相结合的综合评价方式,重点突出定性评价。除了给出评价和等级评分外,应根据平时观察积累的资料,进行分析归纳写出有针对性的总结性评语,使学生明确前进的目标。教学评价能力包括:选择或编制评价工具的能力、实施评价的能力、获取反馈信息的能力。

教育技术应用能力:现代教育技术是指在现代教育理论指导下充分运用现代信息技术改善学习的理论与实践;现代教育技术应用能力参照"教育(学)技术"概念的 AECT94 定义,包括对学习资源和学习过程进行设计、开发、利用、管理和评价的能力。

(四)社会责任

在高速发展的现代社会,教师的责任已不仅仅是在课堂上把知识传授给学生,对学生进行科学技术教育,使其具备必要的技能为国家的建设作贡献,还要对学生进行思想道德教育,使其树立正确的世界观、人生观和价值观,树立为人民服务的远大理想。

教师的社会责任结构体系如图 2-5 所示。

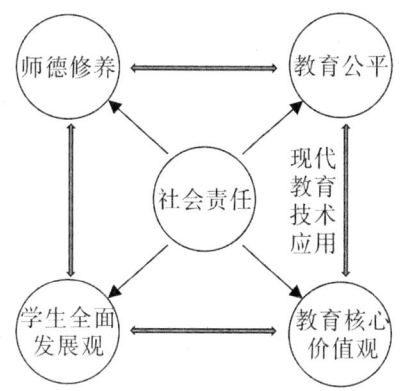

图 2-5 教师的社会责任结构体系

教师的社会责任包括师德修养、教师对于教育公平的执着、教师的教育核心价值观和教师的教育全面发展观。

1. 师德修养

师德准确地说应该是教师公德、教师道德、教学道德,是教师为了维护社会公共利益应该遵守的社会公共道德,是教师和一切教育工作者在从事教育活动中必须遵守的道德规范和行为准则,以及与之相适应的道德观念、情操和品质。师德是教师应有的道德和行为规范,是全社会道德体系的组成部分,是青少年学生道德修养的楷模之一;从实践的角度看,具有高尚情操、渊博学识和人格魅力的教师,会对其学生产生一辈子的影响。教师教学道德是教师从事教师劳动所应当遵循的行为规范和必须具备的道德素质,可以用"师爱为魂,学高为师,身正为范"概括其内涵。

2. 教师对于教育公平的执着

所谓教育公平,是指国家对教育资源进行配置时所依据的合理性的规范或原则;这里所说的"合理"是指要符合社会整体的发展和稳定,符合社会成员的个体发展和需要,并从两者的辨证关系出发来统一配置教育资源。高校教师必须执着于教育公平,致力于教育公平,并通过教育公平保障社会公平与正义。

3.教育核心价值观

教育的核心价值观是社会主义核心价值观在教育中的具体反映,是保障学生全面发展的核心理念。

4.学生全面发展观

我们教育的培养目标是使学生成为德、智、体等方面全面发展的人。这里的全面发展,一方面有一个范围的要求,即"德、智、体"等方面:德,要求学生要具有优良的道德品质;智,要求学生要具有较高的文化修养;体,要求学生是一个具有健康体魄的人。学生的全面发展是一种可持续发展,更是一种和谐的发展。教师应该十分重视学生的全面发展,成为学生发展道路上的指导者和引路人。

第二节 我国高校教师教学能力发展机制的对策

机制是以一定的运作方式把事物的各个部分联系起来,使它们协调运行而发挥作用的。一般来说,机制多指经过一定的实践检验,在各种比较有效方式且较为固定的方法上进行总结和提炼后,所形成的制度化了的方法,机制需要依靠多种举措、措施共同作用。影响高校教师教学能力发展的因素包括内因和外因的多个方面,因此,其提升的机制可以从内因和外因着手。本研究主要从学校、学院、教师三个方面进行探讨,考虑高校教师教学能力结构模型中所主要包括教学知识(文化、专业、教学法、实践)、教学技能(设计、实施、管理、评价、教育技术应用)、教学特质(素养)(意识、兴趣、态度、智力)、社会责任(发展观、价值观、公平、师德)的要素,促进教师的教学、研究、学习等能力的提升;同时,综合外部环境,为教师创设助力于教学能力提升的氛围和校本环境,激发内在动力。

本节在高校教师教学能力结构模型的指导下,根据高校教师教学能力发展的原则,提出我国高校教师教学能力发展的主要机制。

一、建立高校教师教学能力发展中心,全面负责教学能力提升工作

高校教师教学发展中心的作用是研究高等教育的理论,分析现状和存在问题,健全教师发展体系,开发并服务于教师专业发展促进活动,拓宽教学能力发展的形式和内容,尽可能降低教师的学术倦怠感。其主要工作包括:

第一,开展教师培训。面向学校全体教师,重点是中青年教师、基础课教师和研究生助教开展培训,促进教师更新教学理念、掌握必要的教育技术和教学技能、提高教学能力。

第二,开展教学咨询服务。面向学校全体教师,重点是新进教师、中青年教师和公共基础课教师提供教学咨询服务,满足本校特色化人才培养和教师个性化专业发展的需要。

第三,开展教学改革研究。借鉴国内先进的教育教学理念、成功经验和有效做法,着重研究公共基础课和核心课程的教学内容更新、教学方法改革、教学模式创新;促进教师更新教学理念,掌握必要的现代教育技术,改进教学策略与技巧,提高教学能力;推动营造重视和研究教学的氛围,建设具有本校特色的教学文化;推广教学改革实践经验和成果,促进教学质量持续提高。

第四,开展教学质量评估。会同校内有关部门,加强对教师特别是中青年教师的业务水平、教学能力、教学效果等考核、检查、评估和交流,确保教学改革卓有成效、教学质量不断提升。

第五,提供优质教学资源。汇聚本校教学名师、优秀教师等高水平师资,集成校内优质教学资源,形成共享机制,为提高教师业务水平和教学能力实施全方位服务。

第六,承担促进区域内高校加强教师教学发展中心建设的相关任务,组织区域内教师教学发展中心管理人员培训;开展教师教学发展中心建设实践研究;组织开展全国或区域内高校公共基础课骨干教师培训工作;为区域内高校开展师资培训提供优质教学资源和特色专业办学经验,发挥"中心"的示范、辐射、引领作用。

高校教师发展中心作为教师交流、发展、服务平台和助力、引力性机构,通过服务、研究和管理,提高教师教学能力发展的执行力,制订教师分阶段教育教学能力发展的规划及相关的标准、规范,成立学校教师教学能力发展专家指导委员会(由退休的老专家和在职的优秀教师组成),在学院层面成立相应的分指导委员会,开展对新进教师岗前培训等教学培训和交流,协作教师规划教学生涯;通过外部环境及激励措施,激发教师教学能力发展的内在动因,唤醒教师的专业自觉意识。

二、建立健全相关标准、规范和制度,做好教师教学能力发展的顶层设计

国家、省、地区、高校应做好教师教学能力发展的顶层设计,健全课堂教学质量评价实施办法、教学评估与监控体系、相关的评价量表等相应的制度、标准和规范,完善促进高校青年教师教学能力发展的驱力体系,以评促教,创设良好的教学学术环境,促进教师教学能力发展。

第一,根据教师教学能力结构模型,建立专任教师的招聘考核制度,遴选具备教学特质的优秀人才充实教师队伍。

第二,根据教师教学能力结构模型,建立教师岗前培训制度,促使新上岗教师全面掌握教学知识体系,为教师教学能力提升奠定扎实的基础。

第三,根据教师教学能力结构模型,建立教师教学能力评价标准。

第四,根据教师教学能力结构模型,建立健全教师岗位退出机制,不符合教师专业能力

标准的教师可以退出转移到其他工作岗位。

第五，建立教师教学档案数据库，由教师在网上填写，学院审核，包括教学计划、教学大纲、教案、实习、毕业设计、毕业论文、毕业设计等教学文档；教师研究成果；教师进修、培训经历等数据，通过这些学校教学活动的真实记录汇总而成的大数据和大样本，可以协助管理部门了解本校教师教学能力，为教学能力发展提供科学依据和参考，在此基础上，分析教师教学能力发展的现状和存在的不足之处，进行需求分析，制订恰当的发展计划。

第六，制订高校教师教学能力发展性评价、教学质量评估等评价指标体系。教育评价专家斯塔弗尔比姆认为："评价最重要的意图不是为了证明(prove)，而是为了改进(improve)。评价标准和制度的确立，可以为教师提供开展自我评价和自我监控的依据，认识自身的优势和不足，进行准确定位和发现弱点，制定个性化培养目标和计划，实现自我发展，以评促教。

第七，健全激励制度，鼓励和引导教师投入教学。积极推进教师考核评价激励制度改革，一方面，重视对教学活动的考核，包括对教师教学工作量和教学质量的考核，即使是教授也要承担一定量的本科教学工作，将教师的教学业绩与科研成果的考核相平衡，突出教师教学成果的重要性。另一方面，对于在教学方面有突出成果特别是积极从事教学改革的教师给予特殊奖励，比如积极参加讲课比赛、微课大赛、创新教学模式等相关活动的教师给予精神和物质多方面的鼓励，并将其成绩纳入到教师考核中去。此外，在教师职称评定、考察职位晋升时将教师的教学能力联系起来，对于表现优秀的教师给予更多的机会，以此激发教师重视教学活动，提升教学能力的积极性。

三、发挥导师制和团队制的传、帮、带模式，建立学习共同体，提升教师教学知识和技能

"传、帮、带"模式是从高校成立以来一直沿用的教师教学能力发展的模式，主要包括导师制和团队制两种形式，根据高校教学运作机制的不同，独立或互相结合发挥作用，用以培养和提高青年教师的教学能力。青年教师上岗时，由教学团队指定一位教龄长、教学经验丰富教师担任指导教师，导师制订可行的指导计划方案和要求，进行听课评议、审核课程文本，协同开展教学研究。导师制和团队制的传、帮、带模式主要包括以下内容：

第一，参与课程文本编写。华东师范大学课程与教学论学者钟启泉教授认为课程即文本，在课程实施过程中形成四类文本，分别是现成文本、教案文本、课堂文本和教后文本。教师通过参与编写课程标准、课程大纲、教材、教学日历、教学设计方案、教案、PPT电子演示文稿等现成文本和教案文本，更好地领悟课程。

第二，建立相互听课制度。教师通过担任助教、听课等方式直接汲取导师的教学实践应用等隐性知识，获得语言表达、板书、课堂活动等课程具体实施过程形成的课堂文本信息，协同处理教学中可能出现的突发事件和偶然事件，参与运作课程，提高驾驭课堂的能力和教学

技巧。

第三，开展教材教法研究。参与阅卷与学生成绩评定、分析、总结，撰写教学叙事、教研论文等，综合分析积累形成教后文本。

第四，新上岗青年教师的延迟授课和强化训练。新上岗教师需要进行试讲，试讲后进行导师和团队公开评课，暴露存在问题，通过参加岗前培训解决部分问题，正式上课之前，继续参加试讲并参与前面的活动。

第五，采用形式多样的教研活动。除了前面所提及的课堂观摩、示范教学、共同研习、个别化指导，还可以开展基于问题、基于项目等形式组织工作坊、圆桌研讨会、头脑风暴等教研活动。保罗·弗莱雷认为："没有了对话，就没有了交流；没有了交流，也就没有真正的教育。"教研活动实质上是为教学知识和经验的分享提供基于校本研究的对话和交流平台，创设学习共同体形成的支撑环境，促进显性知识与隐性知识之间的转换和产生。著名的课程论学者古德莱德(J. I. Goodlad)从课程的形态出发，提出课程具有理想课程、正式课程、领悟课程、运作课程和经验课程等五种形态。新上岗教师只接触过由教育行政部门、学校规定的正式课程，并以学生的身体参与领悟课程并获得经验课程，但尚未以教师身体参与领悟课程和运作课程。通过基于导师制和团队制的传、帮、带模式，使教师在经验丰富的导师的指导下更好地领悟课程，通过言传身教的模范作用，在团队整体作用下，促进教师在较高的教学起点上从正式课程步入领悟课程，在较高的教学水平上运作课程，逐步推向经验课程。

通过基于导师制和团队制的传、帮、带模式，新教师在参与团体实践活动过程中，从其他成员中获取经验，较快地实质性地参与团队教学和研究任务，逐步确立在共同体中的身份和自我价值感，同时，提高团队意识和协作能力，建立起相同背景的教师学习共同体，在更高的高度上保持学科发展和应用的先进性；最后，在学校教师发展中心促进下，在自愿、平等、自由的基础上汇聚各方力量，以教研室、教学团队、课程组等基层教学组织为基本单位，形成学校教师学习共同体，创设激励、和谐的学习氛围，建立起高效度的高校学习型组织。

四、以赛促教，以教学改革项目促教，全方位培养教师的教学技能

教学竞赛是提高教学能力和教学水平的有效手段，在国家、各省、地区、高校不乏出现。竞赛的高要求使教师精心设计和实施教学，通过比赛过程不同专家的点评，在观摩学习与交流过程中，达到以赛促教的目的。

2012年由中国教科文卫体工会举办的第一届全国青年教师教学竞赛（教科文卫体工〔2012〕10号）堪称国内最高级别的教学竞赛，每个学科的第一名将被授予全国"五一劳动奖章"，在其下一级别的省级青年教师教学竞赛中，每个学科的第一名则被授予省"五一劳动奖章"。大赛的精神是：以加强青年教师教学基本功和能力训练为着力点，旨在提升高校广大青年教师的教学能力和业务水平，充分发挥教学竞赛在提高教师队伍素质中的引领示范

作用,培养青年教师爱岗敬业、严谨治学的态度,进一步激发广大青年教师更新教育理念和掌握现代教学方法的热情,努力造就一支师德高尚、业务精湛、充满活力的专业化教师队伍,推动我国高等教育事业的科学发展。

除了全国青年教师教学竞赛,还出现了青年教师教学基本功比赛、课堂教学大赛、微课比赛、说课比赛、微格教学比赛、教案比赛、教学叙事比赛、多媒体课件比赛、网络教学资源比赛等各种比赛或评优评奖,以促进教师加强教育理论和实践能力的学习和实践,体现"以赛促教"的理念。

通过这些教学竞赛,至少可以达到以下目的:一是切实提高参赛教师的教学能力。二是积累一批优质的模范和示例,供其他教师进行学习。三是通过比赛制订一系列的标准和评价量表,有助于地方院校和学科教师的观照,以大赛的标准规范和优化教学行为。四是形成公平、合理的高校青年教师激励机制。

目前,绝大部份高校已建立起国家—省—校—院的四级教学改革研究项目机制,在较大程度上促进教师提升教学研究能力。

五、教学与科研互助式发展,形成教师教学能力发展的学术驱动机制

教学、科研、社会服务一直被认为是高等学校的三大功能,教学处于"基本功能"的位置,在此基础上的提升成就了科研与社会服务功能;三者相辅相成、相互促进、相互服务,和谐统一。我国著名的科学家钱伟长认为:在高等学校,教学是必要的要求,科研是充分的要求,教学没有科研作为底蕴,就是没有观点的教育、没有灵魂的教育。博耶将教学工作正式纳入学术工作范畴,为大学有效整合教学与科研工作提供了新视角。他的教学学术理论从理论上理顺了教学和科研的关系,科研工作属于发现的学术工作,教学工作属于教学的学术工作,而教师需要全面学术教学,教学与科研不可或替。教学即科研,科研即教学,科研是教育教学工作的延伸,使教师能以科学研究的视角和严谨态度对待自己的教育教学实践。教师需要关注学科领域的前沿信息,掌握科研方法,提高科研能力,把作为立足之本的教学与发展之源的科研相结合,在教学过程中融入科研过程,在教学内容和课程体系中充实科研成果,保持课程的先进性和实用性,提高学生的学习兴趣和动力,以科研促进教学和人才培养。

六、开展教学反思,强化教师教学特质和社会责任,提升教学技能

教学反思是教师专业发展和自我成长的核心因素。反思是教师以自己的教学活动为思考对象,对自己所作出的行为决策以及由此所产生的结果进行审视和分析的过程,是一种通过提高参与者的自我考察水平来促进能力发展的途径。教学反思已经成为国际教师教育的主流研究范式和校本教研的重要手段,是教师教学能力自我提高的重要途径,通过对教学理念、教学过程、整个教学实践过程的反思,获得实践性知识,构建教学互动模式。

(一)教学反思促进教师教学能力发展的内容及作用模式

教学反思需要考虑到其广度和深度。广度上主要包括对课堂教学(教学内容、教学方法和策略、教学效果、教学改革等)、学生发展(成绩、兴趣、能力、学习方法、心理和人格、师生关系等)和教师发展(专业知识、专业能力、人格魅力、教学提升等)的反思。深度上从行为,到分析行为背后的原因,到从站在社会意识形态上审视,从技术上升到理论分析,从思考到行动研究的实践,是一个自发性的逐步发展的过程。

教师在自身参与教学实践过程中,有意识或无意识地会关注自身的教学实践,这是反思的第一个阶段,即原行为阶段,对自身的反思,反思的内容可能只是教学能力结构模型的某一部分;在各种教研活动和资源过程中,从一开始的观察他人的教学行为(如现场教学、或以视频公开课的视频案例为中介)进行案例反思研究,到研究他人教学实践进而延伸到自身的教学实践,通过对他人的反思寻找可调整、修改或替换理念和做法,进行行为调整,在已提升的教学能力这一新起点上,在逐渐上升的新轨道上产生新教学行为。

教学案例、叙事研究和行动研究是依赖于教学反思做为其主要介入手段的教育研究方法,并被认为是教师专业发展的有效途径。

(二)教学案例和叙事研究

教学反思适合以教学案例或教育叙事的形式记录,两者均属质的研究方法,是教育行动研究的主要表现形式。案例一词译自英语"Case",原意为状态、情形、事例等。理查特(Ricahert A.E)认为:教学案例描述的是教学实践,它以丰富的叙述形式,向人们展示了一些包含有教师和学生的典型行为、思想、感情在内的故事。叙事探究是校本教学反思的常用方式,立足于日常的教学实践,记录他人或自身的经历,通常以故事的形式,叙述事件发展的原因、场景、人物、过程、结局,结合结构性访谈、观察、借助于语言文字的表达方式,重组模糊的感觉,使其清晰化和逻辑化,进而诠释意义,透视了教学经验获取的历程,并隐喻了叙述者可能会将这些教学经验应用的决定和基于个人问题解决的方法。两者均从教育实践出发,在一定的教学情境和背景下,针对具体的事件、存在的冲突和矛盾,进行观察、分析和反思,并叙述思考的过程和解决的过程,通过对行动的描述揭示教师与学生的情感、态度、动机等内心世界的变化以及行动背后所隐含的思想、理念和理论。教师通过叙事和案例的记录进行反思,在反思过程中深化教育教学的认识和经验,修正行动计划。

在形式上,教学案例和叙事研究均可以通过教研论文、博文的方式发表,可包括的内容有:标题、作者和单位、教学背景、存在问题、解决策略、教学过程、解决效果、学生反馈、教师反思。教师以自身或同伴的教育教学活动作为研究的对象,通过审视、深思、探究与评价日常的教育教学行为,把实践上升到理论层面进行分析和总结,更好地指导教育教学实践。

由于高校教师工作的繁忙性,教学案例和叙事研究不一定要以博客、日记、论文等形式详细呈现,可以是反思提纲、条目,或对事件的简单表格式陈述。

(三)行动研究

行动研究是教学反思的有效开展方法,取自其英文原文 action research,兴起于 20 世纪 40 年代的美国。从行动寓意实践,研究寓意理论,通过研究行动,以行动促进研究,达到理论与实践的结合的一种研究方法。《国际教育百科全书》是这样定义行动研究的:指由社会情境(教育情境)的参与者,为提高对所从事的社会或教育实践的理性认识,为加深对实践活动及其依赖的背景的理解所进行的反思研究。这一定义把行动研究与反思相结合,行动研究需要主体反思行为的介入和融合,通过反思改善行动,形成理论。英国课程论专家斯腾豪斯于 20 世纪 60 年代中期提出:教师即研究者(teacher as researcher),这一提法得到教育界的认可。通过教师的教育研究有目的、有计划地解决教育教学过程中遇到的问题,对教育教学实践主动地进行持续的、系统的反思,通过行动研究寻找教学策略与教学效果、人才培养之间的规律,可以较好地促进教师的专业成长与发展,在教育教学过程中获得更高的成就感和专业价值感。

行动研究的研究主体是教师和教育管理者,其首要事情就是发现问题,行动研究的问题来自实践,特别是解决来自研究者自身的实践的问题,在具体的教育教学情境中所需要面对的教育教学问题在教育教学行动和学术研究活动中开展行动研究,提高行动的理性水平。行动研究促进教师教学能力发展的流程如图 2-6 所示。

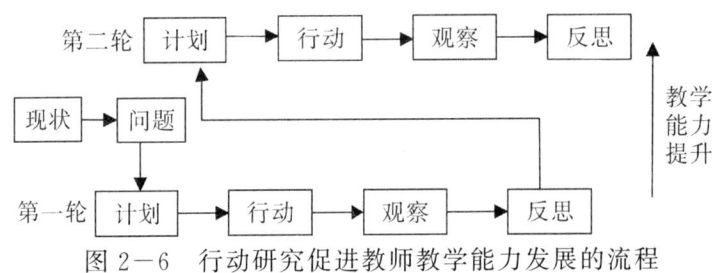

图 2-6 行动研究促进教师教学能力发展的流程

第一,计划。行动研究促进高校教师教学能力发展中的计划可采用"问题导向"策略,即学校通过了解目前教学能力现状,发现存在问题,列出与问题解决相关的理论、技术、环境等,制定有针对性的教学能力培养方案。

第二,行动。按计划目的、时间、步骤、方案实施行动,并根据观察和反思的结果调整实施的行动。

第三,观察。行动者或同伴等借助各类量表、研究手段等对行动观察记录,为反思、计划修正和下一步行动提供前提条件。

第四,反思。对行动进行归纳整理、总结和评价,思考行动的效果,做出改进修正,为下一轮计划提供依据。

七、教学能力提升专项培训

对知识时代的挑战,人类给出的答案就是变革我们的学习内容和方式,其中最重要的是学会学习和持续不断地进行终身学习。终身学习是教师教学能力提升的基础,高校教师发展中心应完善教师教学能力提升的多元化培训体系,建立逐级培训模式和常态化培训机制,做好顶层设计,构建满足下层的需求的自上而下的管理系统。

目前我国已出台《高等学校教师培训工作规程》《高等学校教师岗前培训暂行细则》《高等学校教师岗前培训教学指导纲要》等规范,在一定程度上指引高校教师培训的方向。

(一)积木式和菜单式培训内容设置

积木式和菜单式课程教学能力提升专项培训内容设置是指按培训内容的知识结构或能力模型的组织结构,形成系统的内容体系结构,分成若干相对独立的单元模块,从底层到高层,教师学完一个模块后,可以根据实际情况选择其他模块的学习,既保证内容的系统性,又能满足教师的个性化需求。在内容设置和培训管理上,应注重以下原则。

第一,实践性强。目前,多数的培训偏重于易于组织和实施的理论培训,缺乏技能指导,理论需要通过实践,特别是在专家指导下的实践,内化为实际的教学能力,进而转化为课堂教学的实际效力。

第二,应用性强。培训内容和任务具有针对性和应用性,与课程建设、专业建设、教研项目等结合,在完成任务的同时进行课程或项目的建设。

第三,吸引力大。结合教师的工作、生活及学习的要求进行内容设置,提高趣味性和实用性,使培训内容更吸引教师,从"要我学"走向"我要学"。

第四,及时反馈。教学能力提升专项培训经常会由于缺乏规划和明确的目标定位,导致走过场。培训前,通过问卷调查或课堂听课等方式了解受训教师教学能力现状、差异性和需求,设计校本培训内容。培训过程中,关注教师对培训内容、培训方法、培训质量的态度与看法。培训结束后,了解学习效果和培训质量。监控、评估和反馈贯穿于整个培训过程,提高培训效能。

(二)先进的培训教学模式

教学模式是指在一定的教育思想、教学理论和学习理论指导下,在一定的环境中教与学活动各要素之间的稳定关系和活动进程的结构形式。既然是教师教学能力发展的培训,其培训课程和主讲教师本身应该就是一个优秀范例,能体现出教师高超的教学能力。一些先进的教学模式值得单独地或融合地应用在培训课程中。

我国教学设计专家何克抗教授在其"美国《教育传播与技术研究手册》(第三版)的学习与思考之三关于'情境理论'与'九种情境化教学策略'"文章中指出,情境理论认为,认知不是心智的行为,或去境脉化的、待传输的信息比特,而是有真实情境的实践活动,它使所有参与的个体鲜活地置身于丰富而有意义的环境之中;要支持在丰富境脉体验中的有意义参与,对知识的学习要从"获得观"转向"参与观"。对具有一定经验的高校教师,进行教学能力提升的实践性培训,可以从情境理论中获得充足的理论支持,设计教学情境及情境中的教学内容、教学活动,采用"抛锚式教学""基于问题的学习""认知学徒制""基于案例的推理""基于项目的学习""课堂学习共同体""参与式模拟""学业游戏空间"和"实践共同体"等情境化教学策略。这些策略可以根据教学内容独立或结合使用,形成相对稳定的教学模式。案例教学模式和任务驱动式教学模式是较常用的两种成人培训教学模式,可应用于高校教师教学能力专项培训的教学。

1. 案例教学模式

案例教学最早源于哈佛商学院,是各专业领域培训的主要方式之一。教学案例是理论与实践的纽带和中介,基于真实的教学环境。优秀的案例承载着丰富的教学经验,可模仿性高;存在问题的案例可被反复剖析,产生深刻印象。案例教学模式的应用,还有利于校本案例库的研发和积累。

2. 任务驱动式教学模式

任务驱动式教学把教学内容分解并设计在一个个可完成的任务中,由于任务的介入,使培训产生质的变化:①培训内容更具目标性,同时,也便于教师根据任务评估是否值得参加该内容的研修;②培训结果更具可评价性;③教师产生紧迫感;④通过任务的完成,提升教师的自我效能和信心;⑤便于以学习小组形式组织教学,协同解决任务;⑥培养教师综合思考分析、解决问题的能力。

任务驱动式教学模式与基于活动理论的教学通常互相结合,因为任务完成需要在活动实施,活动需要以任务为体现,在具体实施过程中,任务还可以是具体教学改革研究项目。

3. 灵活的培训实施模式

高校教师具有较强的学习能力和在工作中学习的能力,时间上较难抽出专门的时间开展学习,因此,需要采用灵活的培训实施模式:理论学习与实践训练相结合;集中讲授与自主学习相结合;网络学习与课堂讲授相结合的混合式学习(Blending Learning)等。

在培训形式上可以采用多种形式:

第一,岗前培训。旨在使新入职教师尽快熟悉学校基本情况,转换身份。例如,香港理工大学教学发展中心开设了"大学教学入门"等课程,采用面授教学和基于网上教学平台的混合式教学模式授课。

第二,教育理论和方法培训。主要内容包括有高等教育学、教育心理学、教师教学道德和教育政策法规等;基本的教育教学理论;行动研究方法、准实验研究方法、评价研究方法、质的研究方法、结构化观察、问卷调查等常用的教育研究方法;还包括普通话培训、教育技术培训等教学技能培训。

第三,进修合作项目。鼓励教师参加交流和学习活动,拓宽视野。

第四,社会实践培训。教师通过在企事业单位的实践,使学科专业更接地气,便于把先进的成果引入课堂教学,提高教学应用性。

八、信息技术促进高校教师教学能力发展

信息化教学能力成为信息社会的基本生存手段,现代教育技术应用能力是教师教学能力的重要组成部分,也是教师自身发展的迫切需要。信息技术为教师提供现代化教学手段和管理手段、数字化学习工具和环境、先进的教学理念与教学环境。在信息社会中,信息技术是高校教师教学能力发展必需手段。

本节所提及的八个方面的机制,每个机制中都包含有具体的实施措施,围绕着教学能力结构模型的四个方面,各有偏重,通过具体的活动,促进高校教师教学能力发展。例如,教师发展中心通过立项、培训、服务、评估、标准制定等全方位地推动教学能力结构模型中各个子范畴,促进教师教学能力发展,形成互相促进的教学学习型组织;建立团队机制可以较好地创设有利提高教师的教学知识和教学技能的氛围;开展各类竞赛和教改项目立项有助培养教师的专业发展意识和兴趣,形成推力,触发动力;教学反思有助把个人化、实践性、内隐性的知识,即便是不完善的知识,通过反思,进一步准确化、明晰化,转化为可分享、传递的显性知识。本节所列举的只是目前在高校中较常用且较有效的机制,有所侧重,但并不是针对某个模型要素,而是系统性地作用于教学能力结构模型的各个要素中,共同促进教学能力发展。

第三章 高校教师教学能力提升的思想认识

第一节 高校教师对高校教学能力的思想认识

随着大数据时代信息化教育的不断发展和更新,对高校教师的教学能力的发展提出了新的要求,尤其是信息素养能力和终身教育能力的要求日益紧迫。在这样的大背景下,高校教师是否对大数据时代高校教学能力的发展和变化有了正确的思想认识就变得尤为关键。只有高校教师发自内心、积极主动地更新教育理念、创新教学模式,采用各种现代化信息技术才能够提升自身的大数据时代高校教学能力,进而促进高校教学质量的提高。

一、高校教师应转变其所在专业领域的发展观念

思想的认识是行为认识的本质,只有在思想上对专业领域发展的认识符合大数据时代的要求,高校教师才能够在行为上采取积极的学习态度,努力提升自身的教学能力,以适应新时代发展的趋势和高校发展建设的需要。因此,高校教师应转变其所在专业领域的发展观念,才能够正确认识专业发展的方向,并根据专业发展需求充实自己的专业知识、培养自己的大数据信息素养、提高现代化信息技术,进而促进专业实现科学化发展和学校高质量的发展。

在大数据时代背景下,高校教师的角色从传统的知识讲授者转变为学生学习的引导者、合作者和探索者的多元化角色;高校教学模式从以教师为核心进行设计、实施、总结的过程转变为以学生为中心的自主预习、课堂互动、课后自学的线上与线下相结合的模式;教学方法从学生被动地接受教师讲解的专业内容转变为教师根据学生的需求设计教学场景,采用案例教学、启发式教学、理实一体化、慕课、翻转课堂等多种教学方法相融合的主动式教学;教学内容从教材出发,以文字与图片的展示方式为主的刻板内容转变为动画、音频、视频、模拟情境、小组讨论等生动的、有趣的、互动的三维教学内容。面对这样的变化,高校教师必须从自身出发,转变其所在专业领域的发展观念,树立大数据时代高校教师专业发展新观念,具体内涵可分为以下几个方面。

(一)终身学习观念

大数据时代,现代化信息技术更新速度之快是人类无法想象的。科技的变化带动社会的进步,更是对教学发展提出了更高的要求。高校教师作为特殊的教师群体,其自身的成长

关乎于各个行业的发展。因此,高校教师必须树立终身学习的观念,要持续充实和完善自己。

(二)发展观念

发展是解决一切问题的关键和方法。为满足大数据时代对高校教师教学能力提出的新要求,教师必须树立发展观念,用发展的视角分析教学环境的变化、分析教学对象的特点、分析教学工作的改革。在大数据时代,高校教师的职业定位、教学角色、教学方式、教学对象都在持续不断的变化中,只有树立发展的观念,高校教师才能够顺应时代的变化,顺势而为。

(三)重视实践观念

实践是检验真理的唯一标准。一方面,高校教师在提升大数据教学能力的过程中通过外在培训和内在学习得到的一切关于信息素质、信息技术方面的知识和技能都需要不断的实践活动才能够达到自身发展的目的。另一方面,高校教师重视大数据时代对教学能力提出的新要求,进而产生提升教学能力的动机,其根本目的就是将教学成果转化为推动社会进步的实践力量,这也充分体现了实践出真知的道理。

二、高校教师应制订提升教学能力的计划

提升教学能力的计划是基于教师对提升教学能力的主客观因素分析,明确自身发展教学能力的目标,并为了实现该目标而实施努力的全过程。为满足大数据时代对高校教师教学能力提出的新要求,高校教师必须从教育理念、教育方法、教学模式和教学内容等多角度重新认识高校教师的工作职责和工作内容,必须重视教学能力对职业生涯规划的影响,并做好发展个人教学能力的计划。因此,高校有责任和义务引导教师为了寻求更好的发展和实现自我存在的价值而制订提升教学能力的发展规划。

在个人对提升教学能力的相关因素详细分析的基础上,高校教师确定自我提升教学能力的目标,以此制订具体提升途径,并根据实施情况进行评估和调整。具体的提升教学能力的发展规划步骤可分为以下几个方面。

(一)相关因素分析

对影响高校教师教学能力发展的主观因素和客观因素进行分析,以此为据确定自身教学能力发展的方向、实现的可能性。

(二)确定能力提升目标

在相关因素分析的基础上,高校教师充分思考自我教学能力提升的目标,明确自己想要达到的知识结构、能力层次和技术水平等。

(三)制定提升途径

为了协助高校教师实现教学能力提升的目标,高校为教师提供多种提升途径,让教师根据其个体的特点和发展意愿进行选择,进而在提升平台上形成具有个性化的教师教学能力

提升系统。

（四）提升途径的实施、评估和调整

全面质量管理理论中提出工作要按照做出的计划实施，并在检查实施效果后提出调整后的新计划，进而解决实施过程中出现的质量问题。这是处理一般工作的 PDCA 循环规律。在高校针对教学质量的管理问题上，可以要求实施高校教师提升教学能力的发展规划之后，对实施的过程、结果进行评估和调整。

目前高校教师有关教学能力的发展规划方面的实践尚处于摸索阶段，每一名高校教师在走上工作岗位的时候都曾经想过在职称晋级方面或者行政管理级别上大展宏图，却少有思考自己对于教学工作的想法，能去思考自身教学能力发展的规划的教师更是少之又少。没有明确的目标，就无法实现教学能力真正的提高。因此，站在高校长期发展角度，引导教师制定提升教学能力的发展规划是非常必要的举措。目前，高校可以采取师徒结对、名家讲坛等方式，邀请具有丰富教学经验和资历深厚的老教师与年轻教师教学相长，引导其看重教学能力，指导其对教学能力的发展和规划。这样，高校教师的教学能力发展才会更有目标性。

三、高校教师应自觉完善自身知识结构

在大数据时代里，高校教师的教学角色发生了翻天覆地的变化。高校教师除了保持传统的教育者、文化传播者和智力开发者的身份之外，更将主导学生学习转变为引导学生学习、传递数据资源改为整合数据资源、组织学习过程转变为协调学习过程、对学生学科教育之外转变为平等的咨询活动。为实现这一角色的转化，高校教师不仅要有渊博的专业知识和深厚的教育学知识，还应具备扎实的教学能力和丰富的信息化教学经验。作为高校专业教师，掌握专业知识是其基本条件；拥有了教育学知识，可以应对大数据时代学生的心理变化和需求。除此之外，在大数据时代背景下，高校教师必须掌握现代化信息技术，并将其有效应用于教学改革的实践活动中。经过不断的尝试和反思，高校教师的大数据时代教学能力才会得到不断的发展和积累。自觉完善自身知识结构，是不断发展高校教师大数据时代教学能力的原动力，也是高校提升教学质量的根本有效途径。

四、高校教师应持续实践大数据时代高校教学改革活动

为满足大数据时代对自身教学能力提出的新要求，高校教师应着重培养大数据信息素养和学习现代化信息技术。这种大数据时代教学能力的提升，始终是高校教师自身由内而外的主动性的变化，并在实践教学活动中得以实现。所以，促进高校教师教学能力持续发展的根本途径还是要教师不断地参与教学实践活动，以教学反思、课题研究等方式来达到提升教学能力的目标。

（一）高校教师应重视教学反思

教学反思是在教学实践活动结束后，教师应该积极主动进行自我分析，发现问题，总结经验，以达到提升教学能力的目标。只有通过教学反思，高校教师才能够找到个人教学水平和教学能力中存在的问题，这是教学实践的真正价值。这种方法也是高校教师提升大数据时代教学能力的最行之有效的方法。常见的教学反思手段有工作日志法、工作档案法、教育叙事等，也可以积极与同行、资深教师交流自己的教学反思、学习经验，改进不足。

（二）高校教师应积极开展教学课题研究

高校教师的科研工作分为科学课题研究和教学课题研究。教学课题研究的立项根本就是针对教师实际的教学活动中出现的问题和实践的成果。教学课题研究与高校教师的教育教学实践有着紧密的联系，具有非常强的针对性和实践意义。一旦将这些教学课题研究的成果应用于指导教育教学的全过程，可以促进教师的专业化和有效提升教师的教学能力。因此，高校教师自身就应积极开展教学课题研究，高校也应鼓励和组织教师支持或参加教育教学课题的研究工作。通过教学课题的研究，促进高校教师自发地思考自身教学过程中出现的问题，从而不断地培养高校教师的大数据信息素养，持续提升教师现代化信息教学能力。

第二节 高校教师教学能力提升的原则和方向

一、高校教师教学能力提升的原则

（一）长期性原则

众所周知，能力是完成一项目标或者任务所体现出来的综合素质。人类在完成活动中表现出来的能力并不是短时间内形成的，而是一个长期培养和实践的过程。教学能力是教师从事教学活动必须具备的综合素质，也不是朝夕之间可以获得的。因此，提升高校教师大数据教学能力是一个长期的工程，必须将培养和提高教学能力作为贯穿整个教师职业生涯的一项重要任务。

（二）发展性原则

纵观全局，高校教师教学能力的发展与高校的发展、专业的设定都是相辅相成的。高校教学能力的发展必须在符合高校的发展、专业发展的大前提下实践，由低到高、由浅入深。与此同时，教育环境也处于不断的变化中，相应地对教育需求也提出了更高的要求。从事教育活动的教师为适应时刻改变的教学环境和满足日渐严格的教学要求，必须坚持发展性原则，有利于保持教学能力培养前进的步伐，从容面对培养过程中出现的曲折状况。

（三）阶段性原则

根据高校教师职业发展的五阶段理论，高校教师自身也将相应地经历从新手教师、高级新手教师、胜任教师、熟练教师到专家教师五个发展阶段。在大数据时代中,高校教师的教学能力的发展必须符合教师个人的职业发展规划特点,符合教师职业发展的规律和原则。坚持阶段性原则要求高校教师必须认清自己所处的发展阶段,明确发展方向,坚定自己成为一名合格高校教师的信心。

二、高校教师教学能力提升的方向

(一)大数据时代高校教师要转变教学观念,重新定位

当大数据时代来临后,大学生们在面临海量的信息和快速的互联网时,能够发挥主观积极性选择更加自由的学习模式。面对教学对象发生的巨大变革,大数据时代要求高校教师以转变教学观念、重新定位的途径作为提升教学能力的发展方向。

高校教师在大数据时代应该树立终身学习的观念,顺应时代要求,积极主动地学习最先进的教学手段,时刻更新自己的专业知识和专业技能储备。高校在大数据时代应该重新定位自己的角色,不再是知识的传输者,而是教学的参与者、指导者和学生学习的协作者。只有清晰定位自身角色,保证持续不断的学习力,才能紧跟大数据时代的步伐,完成大数据时代赋予高校教师的神圣而艰巨的历史使命。

(二)大数据时代高校教师将要改革教学方式,以"学"促"教"

在大数据时代,大学生可以跨越时间和空间的界限,随时随地获取信息资源和课程知识,其学习自主性大大提高了。如何尽最大力度利用学生自主学习的积极性来提高教学质量呢?这是大数据时代给高校教师提出的难题。大数据时代高校教师教学能力的提升方向是以"学"促"教"的改革教学方式。

以"学"促"教",就是要求高校教师针对学生的特点设计教学过程,改变教学方式,整合教学资源,协助学生做好自学活动,以达到有效地提升教学质量的目的。

以"学"促"教",就是要求高校教师尝试多样化的教学方式。目前,慕课和翻转课堂教学成为教学领域的新潮流,慕课为学生提供海量知识信息,将传统的教室从室内搬到了室外,而翻转课堂则将传统的"教师课上教授,学生课后讨论完成作业"的授课方式翻转过来,再次强调了课堂讨论的重要性。新型的教学方式可以使学生的学习更加自由,启发学生思考,促进学生自主探究,为课上的协作和讨论学习做好充分的准备。

综上所述,高校教师应该针对学生特点适当采用这些新型的教学方式,这样不仅能促进学生的"学",也能促进教师的"教",扩充教师的专业知识,提高教师的专业能力。

(三)大数据时代提升高校教师教学能力的培训方式发生变化

高校教师教学能力是提高高校教学质量的关键因素,在大数据时代下提升高校教师教学能力的培训方式也顺应时代的潮流发生了变化。为了促进高校教师教学能力的提高,高校采用新的教育教学技术构建教学能力提升平台。在大数据时代高校教学能力提升平台

上,可以通过专题报告会、教学资源说明会、大数据信息化教学改革成果分享会、教学评估说明会、教学能力提升的主题沙龙系统、组建大师工作室或企业工作站、构建形式多样的网络教学平台、"线上＋线下"的交互模式、共建共享的资源获取平台、信息交流与协作平台、多种形式的实践演练模式等方式给予高校教师进行自主学习、自主探索的学习途径,实现大数据时代赋予高校教师的使命,有效提升大数据时代高校教师的教学能力。

第四章 高校教师教学能力提升的队伍建设

第一节 高校教师队伍的组成分析

教师队伍是高校教育竞争力的核心,无疑是高校最重要的人力资源。所以,大数据时代下,高校教师队伍的组成就是人力资源的组建。如果从人力资源的角度来看,人力资源的"组织"就是高校,房屋、土地等资产以及人构成了各种类型的资源,这些资源是高校提升教育竞争力不可或缺的。但是对于高校来说,作为核心资源的教师,则是高校最为重要的资源。分析大数据时代下高校教师队伍的组成,其实就是在对大数据时代下高校核心人力资源的组成进行分析。因此,对于这一问题,从人力资源的角度来看待,可以获得更好的效果。

大数据时代下,信息传播极其发达,对于高校发展提出很大挑战。面对这样的时代特点,高校更应该将教师队伍这一基本的、核心的资源打造到极致。要想在大数据时代下实现高校自身的快速发展,培养出适应时代的教师队伍是高校建设永恒的、最基础、最重要的任务。适应大数据时代的高质量教师队伍,必然要有一个科学、优化的整体,而这样的整体必然要由高水平、高素质的教师共同构成。

一、人力资源配置理论及层次

对于人力资源配置这一问题,不论是国内还是国外的学者都有着不同的看法和解释。通常会有三种较为普遍的认知:第一种,认为人力资源配置是对人员进行岗位安排,确保人人有事可做,每个岗位有人能够担任;第二种,更加重视人员和岗位的双向选择与匹配程度;第三种,相对来说更为全面,认为人员不仅应该适应相应岗位,还能够与周边环境、人际相互适应,重视岗位匹配度的同时还重视社会性等各种影响关系。综合上述三种观点来看,人力资源配置绝不是一件简单的事情,不仅要做到人尽其用,还要注重整体效果。我们可以将人力资源配置看作是一种根据一定标准和需求把劳动力分配到社会生产以及各种经济活动当中的过程。笔者认为:从过程上看,人力资源配置与开发人力资源有着密切的联系,是实现人力资源价值的重要环节;而从结果来看,人力资源配置是满足社会经济活动而对人力资源进行配备所呈现的一种结果。

著名学者厉以宁先生将人力资源配置方式分为两种分层次,分别为宏观层次和微观层次。宏观层次的资源配置,是指资源不论如何配置,最终各个环节或部门都可以发挥作用,呈现出资源配置的合理性。而微观层面的资源配置,则要具体到一个部门、一个生产单位是如何运用资源的,各个单位能否有效地利用拥有的资源,从而输出最大的产量。如果将这种人力资源配置的理论应用在高校人力资源配置方面,就可以更为灵活地为高校教师队伍的管理和组成提供指导。通常来说,运用宏观配置实现的人力资源配置被称为高层次配置,而在部分高校当中的微观配置被称为低层次配置。两种层次的划分是根据方式方法的不同来设定的,通常来看,运用技术调控或总体管理手段来对资源进行调整,从而实现提高效率的目的,就属于低层次的人力资源配置;运用宏观调控的手段流动和配置人力资源的方式就是高层次的人力资源配置。

从宏观角度来看,人力资源在配置上通常有三种模式:第一种是计划配置。这种配置模式是根据职位规划、比例对劳动者进行岗位分配,将人力资源根据各个部门的需求来完成配置。第二种是市场配置。这种方式是根据人力资源的供求关系,以及劳动者和单位之间是否相互认可来决定的。第三种是综合型配置,这种方式融合了前两种配置模式,是将计划和市场相结合的一种人力资源配置模式。总体来看,宏观角度下的三种配置模式是在劳动者和单位之间建立一种相互匹配的关系。从微观角度来看,人力资源配置有三种模型:第一种是"人岗关系"型。这是根据岗位需求来对人员进行分配,通过招聘、竞争、试用等方式实现人员和岗位高匹配的结果。第二种是移动型配置。这是通过对人员的岗位进行上下、左右的移动来满足岗位的人力需求,通常表现为职位的晋升、降职或是平行调动。第三种模型是流动配置型。这种模式是利用单位内部的人员流动来确保岗位人力需求,通常的表现形式包括安置、调整以及辞退。

二、高校教师资源的特点

高校与其他企业组织不同,企业组织最终的发展目标是获取更大的经济效益,因此,企业通过利益来维系整个组织的运行和管理。对于高校来说,最核心的人力资源是教师队伍,是学术人力资源,这样的人力资源是不能用企业或政府的管理方式进行配置的。高等学校的特殊之处在于,其整体是一个有序的组织,但是内部又呈现一种无序性。这是因为任何高校都必须要有完整的管理和组织结构,在有序的组织下,各个部门才能有序地进行工作。完整的管理架构之下,高校在财务、人力和研究等方面的工作才能有所遵循,形成一套有组织的机制和规范。高等学校是以培养符合社会需求的高等人才为目标,虽然高等教育随着发展越来越丰富,但其根本目标仍没有变。所以,高校教育的发展根基还是要抓住培养人才的重点。

高校的人力资源具有一般人力资源的共同特点,但是了解其个性特征才能对高校人力资源更好地运用和配置。首先,高校人力资源有很深厚的人才存量。高校是孕育高等人才的摇篮,高校的教学科研队伍是高校的核心人力资源,同时也是人类社会文明的传承者。这些高等人才队伍肩负着培养人才、科学研究以及其他社会工作的责任,他们普遍有着较高的能力和才能。由于拥有着丰富的人才储备,因此高校的人力资源有着丰富的存量。其次,高校的人力资源具有高层次特点。高校教学科研人员普遍有着优越的教育背景,掌握着专业甚至是尖端的知识技能,因此,他们更具有个性,更注重个人能力的表现。

高校人力资源还有共享性特点。所谓共享,是指人自身的能力和才能可以被重复使用。在如今的现代化社会,人才成为众多企业机构争抢的对象,高校教师队伍有着优越的专业能力,因此相当一部分教师不仅在高校有着本职工作,还有社会兼职。对于高校人力资源管理者来说,如何在教师的本职工作和兼职工作之间做到平衡,是必须考虑的问题。高校教学科研人员具备出众的能力,往往有着更大的人生理想,高校如何满足这些人员的理想,也是高校必须考虑的问题。

高校人力资源另一种与其他人力资源不同的特点就是高校人力资源的劳动成果难以进行量化。高校人力资源属于脑力劳动者,脑力劳动是难以量化的,这是一种无形的工作。所以,难以对高校人力资源的劳动进行监控。高校教师不仅承担着教学的任务,相当一部分教师还是科研工作者,科研工作耗时长,要投入大量的精力进行科学思考。这些无形的工作难以计量,另外高校教师优秀的思想对学生才能的提升甚至未来人生的影响也是难以估计的。所以,其工作成果难以实现量化。最后,高校虽然是高等人才的摇篮,可是,人才稀缺的情况也并不少见。随着时代的发展,社会和时代都对高校教师的能力提出了更高的要求。高校教师不仅要具备扎实的专业理论基础和一定的科研能力,跨学科的能力也成为高校教师需要具备的能力。同时,其他企业组织对人才的渴求度日益提升,都成了与高校争夺人才的竞争对象。

三、高校教师队伍的构成

大数据时代下,高校的组织运转更具有效率,处理信息能力不断加强。作为高校核心人力资源的教师,在自身提升能力的同时,高校人力资源管理者也要更新观念,对高校人力资源的构成进行重新组合。到目前为止,高校人力资源的构成仍有多种观点。笔者认为,在大数据时代下,高校教师队伍由具备教师资格的高级知识分子组成。在高校教师队伍当中要明确分工,教学、科研人员的职责要清楚标明。教学人员的主要职责是培养人才,承担授课的任务;科研人员则是要承担科学研发的工作。高校教师队伍主要就是由教学人员和科研人员构成的。负责管理的是职员队伍,管理人员不仅负责教师的管理工作,还要承担学生的管理职责,是保证高校正常运转的职能人员。

建立大数据时代高校教师队伍,要从教师群体素质结构和教师个体素质结构两个基本方面进行考量。

首先是教师群体素质结构方面，所谓群体素质，也可以说是高校教师队伍组建的"硬实力"，包括年龄、职称、学历、学科以及学缘等。高校教师队伍的年龄结构应该均衡，教师年龄梯队应该保证老中青三个年龄段的分布。注重年龄搭配，可以避免教师队伍出现年龄断层的情况，做好年龄结构布局，可以为高校的人才储备提供一定指导。职称是展现教师素质的参考之一，通常来说，在一所高校当中，教授、副教授的比例越高，说明该校的教学科研能力越强。学历是教师教育背景最直接的展现，高校教师队伍当中高学历比例高，一定程度上来说，教学和科研能力也就高。高校教师学科分布，展现了一所高校的办学特点。从传统来看，工科院校当中工科教师比例相对较高，师范类院校当中师范专业教师比例相对较高。但是随着高校发展以及跨学科、文化多元等理念的推广，越来越多的高校开始向综合类大学发展，教师队伍当中学科愈加丰富。最后一个方面就是学缘，合理的学缘结构可以避免学术科研产生"近亲繁殖"的现象。培养、引入更多的课题、学术带头人，丰富高校的教学与科研元素，调动更为活跃的高校文化氛围，能够建立更具特色的学缘结构。

教师个体素质结构可以看作是高校教师队伍的"软实力"，包括理论知识、综合能力、道德素养、生理心理状态等。高校教师具备扎实的理论知识是必备的能力。理论知识不仅包括本专业及教育学科理论知识，还应该掌握本学科相关的跨学科知识，增加自身理论知识的广度和深度是高校教师必须具备的基本能力。综合能力指的是教师应该具备较强的逻辑、观察、教育、表达等多方面的能力，这是教师整体素质的展现。另外教师还应具备良好的道德素养。正确的世界观、价值观能带给学生们正确的思想导向。

对高校教师队伍进行配置组成，要确立目标，没有明确的目标，高校教师队伍的构成配置就会盲目没有方向感。高校教师队伍的组成应符合高校自身的特点，并结合教师人力资源的特质。高等学校不同于企业组织，在组成教师队伍的过程中要考虑多方面的元素。

在大数据时代下，高校教师有着更多元的价值观，高校教师也是普通人，同样有着多样的需求。物质收入是满足生活的保障，这是最基本的需求；被认同、被尊重的精神需求也同样是高校教师所需要的。所以，在大数据时代下，高校教师呈现了多元的需求性。总体来说，高校教师队伍的组成不是高校挑教师，也不是教师肆意选岗位，而是市场、高校、政府以及教师本身需求的综合结果。

第二节 高校教师队伍的建设规范

对于高校管理者来说，大数据时代下高校教师队伍的建设要更新理念，"以人为本"是在人员遵守管理制度的基础上必须具备的管理理念。"以人为本"强调了"人"的地位，重视被管理个人的自我需求。从高校的角度来看，"以人为本"就是将教师放在了核心位置，真正关注教师的需求,不仅仅是物质层面,更包括了精神层面。在管理方面,注重教师全面、健康的发展,积极推动教师参与教学和科研,满足教师的需求,从而实现教育的效益最大化。高校还要为教师的个人发展提供平台,教师个人综合素质的提升最后还将反馈给高校。高校要设法将教师个人的发展目标与高校的发展需求相连接,从而实现教师个人与高校集体的共同发展、成长。

一、高校教师队伍建设理念

(一)"以人为本"

高校所承担的责任众多,除教学、科研外,还承担着社会服务职能。教师作为高校人力资源的核心力量,是发挥高校职能的主体,特别是在教育与科研方面有着难以替代的作用。因此,高校管理更应该将人放在中心地位,重视教师的地位,将满足教师的需求放在重要的位置,提升教师工作的主动性和创造性,实现"以人为本"其实也是高校进一步发展的要求。贯彻"以人为本"的观念,最终才能实现"人本管理"。树立人本管理的思想需要在以下几点加大努力。第一,将教师作为人力管理的中心,重视教师的位置,通过多种手段来激发教师的积极性。第二,教师的职业发展也关系到高校的发展,因此管理活动要以教师为中心,推进更多活动展开。第三,高校对教师应该做到尊重、理解,提升教师的自信心,给予教师更多的认同感,激发教师的潜能。通过对人员队伍实现人本管理,从而建立一个勤于学习的整体氛围,由教师带动学生,在良好的氛围之下打造孕育人才的摇篮,将高校的职能充分发挥出来。

(二)"能本管理"

与人本管理相搭配的另一个理念就是"能本管理"理念。这一理念就是将能力作为岗位任职的基础所进行的管理方式。将能力作为人员管理的基础,通过科学而有效的方式将人员的最大潜力发挥出来,在最大化地实现个人价值的同时,也实现了整体的巨大进步。在大数据时代下,知识就是力量,智力和技能变得更为重要,而创新能力又是在知识、技能的基础之上推动甚至改造世界的重要能力。所以,将能力放在重要的位置,使不同的能力发挥在相应的岗位上,在实践当中有着广泛的应用。

大数据时代下,竞争日益激烈,高校之间同样也面临着巨大的竞争。大数据时代为高校提供了巨大的发展空间,也加强了高校间的竞争。可以说,高校提升自身竞争力已经变得刻不容缓。所以,高校在人员管理方面要紧跟时代发展,推行"能本管理"的理念适用于高校教师队伍的管理和配置。高校在教师队伍的组建和配置方面,要将教师的知识、技能、创造力以及合作能力列为首位,高校的发展需要教师来推动。教师自身能力的提高能够更好地展现自我的人生价值,同时也能够为推动高校发展贡献自己的力量。对于高校来说,以教师为中心,重视人才,对每一位教师的努力给予尊重和鼓励,将能力作为衡量教师的重要标准,从而激励教师进一步提升自身,发挥更大的潜力。

高校实行教师岗位配置要做到人尽其才,通过"能本管理"将教师的各方面能力发挥到极致,实现个人与集体的双重价值,而"人本管理"则强调了教师个体的地位,有效地提升了教师的积极性,提升了高校的运转效率。"能本管理"与"以人为本"两种观念共同推行并不矛盾,而且会相互助力,产生更大的积极作用。在大数据时代下,个人的时间能力、创新能力在经济发展当中发挥着重要的作用,现代管理也由机械、命令式的管理发展为"人本管理""能本管理",以至于今天的"以人为本"的观念。"人本"和"能本"都不可或缺,都是大数据时代下高校教师队伍管理与组建必须具备的思想观念。

二、高校教师配置机制

(一)高校教师队伍建立的基本关系

高校教师资源的配置受市场与政府两方面影响,所以改善高校教师配置机制要从两个方面来考虑。第一,确保市场的调节作用;第二,政府的干预性不可缺少。如何在两者之间实现平衡,寻找到最佳的支撑点,是改善高校教师配置机制的关键。配置高校教师队伍的前提是确立大数据时代下人力资源配置系统中各个运行主体以及各种基本关系。

根据我国当前高等教育的发展,以及政府、市场在人力资源配置当中所扮演的角色,在大数据市场经济条件下,高校人力资源配置主要通过政府、人才个体、高级院校、人才市场四个方面发挥作用。

首先,人才供需通过人才市场完成等价交换,这体现了人才市场在人力资源配置当中的作用;其次,人才和高校都是人才市场上平等的主体,双方的交换必须遵循人才供求情况、人才竞争等实际状况来进行选择;最后,从微观上看,人才的供求活动是通过人才市场所搭建的公平、符合市场规律的平台来完成的,从宏观上看,人才供求活动还是需要政府的引导和支持才能合理、公平的展开。所以,高校教师队伍的组成不仅需要高校自身的努力,还需要政府以及整个市场的配合帮助。

(二)创新教师管理模式

1.建立开放的编制管理

为了提升用人效益,教育主管部门对高校教师职务的评定正在逐步向教师职务结构比例宏观指导的方向发展,进而将会发展为高校自主控制、自主建立教师队伍。所以,高校在师资管理方面的规划要具有开放的观念,不仅要吸引人才还要能够留住人才,对人才进一步培养。当今时代,高校的教师编制已经呈现固定编制与合同制相结合的聘用方式。在大数据时代下,高校固定编制教师必然会越来越少,逐步减少教师固定编制来增加流动教师比例,从而为高校之间互聘教师以及聘用更多有能力、有经验的社会人才做准备,最终建立一支以中青年教师为主力、兼职教师为辅助力量的相对稳定但又具有开放性的教师队伍。

2.开放的聘任方式

开放的聘任指的是在教师聘任方面,高校与教师个体相互平等,建立清晰明确的聘用关系,聘用流程严格遵照法律规定,制定双方满意的契约,推行双向选择、双向竞争的机制。这种机制打破了传统高校教师固定编制的束缚,教师和高校都有充足的自由选择权利。通过这种方式,双方制定法律契约既能够保障双方的合法权益,还能够使双方有巨大的选择和发展空间。高校教师论资排辈的时代早就过去,要想实现高校教师队伍的发展必须推进竞争择优的聘任制度。由曾经行政任用关系向平等协商的聘用合同关系转变,是高校组建适应大数据时代教师队伍的特点。

3.科学的考评方式

教师队伍要不断推进教师的考评管理制度,通过科学的考评标准和方式,对教师的工作进行严谨、客观的考核。通过考评来对教师工作进行评定,进而与教师的晋升、奖惩联系起来,进一步激励教师更好地工作。高校必须考虑到教师对于工作的主观热情,利用物质与精神的激励,让教师获得更强的工作积极性。同时,高校管理人员应该意识到,对教师的激励要尽量顾及教师的个性特点,满足教师的个性化需求,这样往往会起到意想不到的激励效果。

三、高校教师队伍优化配置

(一)优化高校师生结构

师生比直接反映了高校的办学效率和办学质量。随着我国社会的发展,在大数据时代下,高校不断扩招,导致每年高校招生数量都呈上升趋势。部分高校教师不仅要承担教学任务,还承担着科研的工作或是研究生教育工作。大量高校学生必然会给高校教师带来更重的教学任务,导致工作效率降低。在大数据时代下,高校要革新后勤工作,对行政管理和教辅后勤等机构进行简化,精简后勤人员,增加教学人员,将更多的编制与聘任机会留给教师与科研人员。

(二)职称结构优化

职称反映的是高校教师队伍的教学科研能力。高校教师队伍属于高智能、高水准的人力资源。对高校的师资职称结构进行优化,可以更好地发挥高校教师队伍的教学科研能力。建立科学合理的职称梯队,对于提升高校办学水准有着重要意义。高校教师职称级别可以分为高、中、初三个层级,高级为副教授以上,中级为讲师,初级为助教。对三个层级进行比例优化当前还没有统一的观点,但是,从当前我国高校实际情况来看,实行"二四三一"的职称结构更为适合,也就是助教、讲师、副教授、教授的比例为2∶4∶3∶1。"二四三一"的模式也仅仅是作为参考,高校在教师职称结构优化上还是应该以自身发展实情为准。职称结构优化应该做到分学科进行,教师职称结构不是一成不变的,要考虑到教师流动的情况,确保高校办学水平。对职称结构的优化实际上是打破传统职称结构,推进职称评定的新方式,激活高校教师队伍的积极性。

(三)学历结构优化

学历反映了教师的教育背景,一定程度地成为教师业务能力的参考标准。进入21世纪,我国愈加重视全民受教育情况的提升。如今,我国以教学科研为主的高校在聘任教师时更是将硕士学历作为最低入职学历。可以说,我国在推进教育改革上做了巨大的努力,不过优化高校教师学历结构的工作仍要坚持。高校教师招聘标准不能降低,将硕士学位的教师作为主力的同时,要继续引进博士学位的人才,革新激励人才的制度,吸引更多的人才加入高等教育事业当中。对在职教师的继续教育不能停歇,鼓励教师继续学习,为高校在职教师继续攻读学位提供便利的渠道,优化高校教师学历结构,推进高校不断发展。

(四)优化年龄结构

大数据时代下,高校教师的年龄结构在一定程度上反映了高校教师队伍的活力。年龄小的教师,有更充沛的精力,学习能力更强,特别是在大数据时代下,年轻教师有更强的信息收集能力。但是年轻教师相对经验少,在教学与科研方面还需要更多的历练。而年龄大的教师经验更加丰富,对学生的指导水平会更高,相应地,年龄大的教师精力较年轻人更少,学习能力要低于年轻人。所以,高校教师年龄结构必须合理,需要保持教师队伍当中各年龄段的平衡,符合自然规律。从总体来看,高校教师队伍的设立应设置为金字塔结构,青年教师稍多于中年教师,中年教师稍多于老年教师。确保教师队伍活力的同时,一定程度上又要保留老教师的经验,做好老、中、青三代教师的比例控制,推进高校教师队伍的建设。

第三节 高校教师队伍的建设方法

一、教师需求与岗位需求

(一)教师需求

当前我国高校师资管理遵循的原则之一就是"按需设岗"。高校在设立岗位之前,人事管理相关部门将会对本校教师队伍以及本校经济实际情况进行考察,并进行预测分析。需要考虑到这几个问题:第一,当前本校教师队伍的结构层次,年龄、职称、学历、专业等都要包含在内。同时,对高校当前的教学任务和教学要求进行了解。第二,对近年来高校招生状况和变化要有一个清楚的认识,以做好师生比例调节。第三,高校建设要以学术和教学为主,所以学科建设应该放在首位。人事管理相关部门必须要清楚本校的学科发展以及重点学科的情况。学科建设是一项复杂而长期的工程,学科建设的核心是学术梯队建设,因此学术梯队必须要有学科带头人以及合格、成熟的高校师资队伍。总体来看,人事管理相关部门对高校师资队伍的需求进行分析预测时,必须要掌握当前高校师资队伍的情况、高校学生人数的变化、学科建设以及高校的建设目标等。在理清多方面需求后,人事管理相关部门最后应该了解高校设置的各个岗位。所以,建设高校教师队伍的前提是对高校全方面的情况都应该有所了解。

(二)高校教师岗位设置

高校教师岗位的设置应以岗位成本以及师资优化为前提。设置岗位必须是为事设岗,而不是因人设岗。确立岗位要求和工作准则后,再公开以岗择人。招聘人才应遵循公开招聘、公平竞争、择优聘任的原则,在整个过程必须严格审核,最后与合格的人员签订聘用合同。高校要具有这样的意识,教师岗位设立的目的是推进高校实现进一步发展,设立的岗位应该反映高校在学科发展和教学科研方面对师资力量的需求。对于高级职务岗位,首先要考虑学科带头人的人选。学科带头人直接关系到学科建设,是高校发展战略和定位的重要岗位。所以,高校在设置岗位时应该先留有余地,这样更有利于人才的晋升和发展,鼓励中青年教师踊跃表现,推动高校进一步发展。

具体来看,高校教师岗位通常可以分为三类:第一类岗位是以学科带头人、学术带头人为代表的高级职务岗位。这一岗位的人员是高校学科建设的领头人,负责学科建设规划的制订和落实,是学科梯队的建设者。学术带头人是学科下属某一研究方向的领头人,这一岗位根据学科发展以及研究方向进行设立,是学科建设的坚实力量。第二类岗位是学术骨干岗,这一岗位是高校的骨干力量,在学科、学术带头人的领导下担任着高校学科研究,同时其中一部分教师还是高校教学的重要组成力量。第三类岗位是教学科研岗位,这一类岗位以青年教师为主。这些教师还处于学术积累的重要阶段,在学术带头人、学科带头人以及学术骨干的领导下,在学术科研工作中发挥力量,是教学和科研工作的基础性力量。

二、完善创新教师聘任制

(一)优化人才引进机制

高校进行人才引进要推行明确的人才引进制度,并依照制度来对引进的教师进行各项考核。这是一个系统工程,需要建立完善的引进机制才能发挥其巨大的优势。

1.创新制度

要顺利完成人才引进,首先要对制度进行创新优化。行业壁垒、高校与企业之间的隔阂都是阻碍人才引进的障碍,因此对于不同行业、不同类型的人才要推行不同的聘用形式。拓宽聘任渠道,打开聘任范围,是获得更多人才的有效途径。高校拓宽师资来源,向社会各界打开岗位招聘的大门。特别是应用型高校更需要应用型人才,应该为具有实践经验的高层次专业人才提供更多的渠道和方式,通过专职或兼职的岗位来吸引人才的加入。随着我国国力的增强,大数据时代的来临,很多海外学者纷纷回国效力,高校应该趁此时机大力吸引拥有不同教育背景的教师加入,建立更为广阔的人才资源分享市场。

2. 建立新型用人方式

高校要推动人事管理进一步发展,实现教师人事关系社会化,转变传统高校的教师管理方式,建立高校与教师个体双向选择的新型用人方式。通过人事代理来处理教师的人事关系是一种新兴的人事管理方式。人事代理是经过政府许可的人事关系中介机构,有专业人员帮助委托单位处理员工的各种社会保险。当员工与单位解除雇佣关系后,人事代理就会为员工快速办理人事关系解除的各种事务。人事代理可以为高校减少人事管理的繁琐工作,而且在与教师确立劳动关系上会更加灵活。教师个体也不会为复杂的人事关系所扰,在高校工作期间还可以获得较为健全的社会保障,解除了教师的后顾之忧。劳务委派通常在高校后勤以及维护工作岗位较多,总之,高校在教师队伍建设上不仅要做好吸引人才的工作,还要做好维护人才的工作,为教师提供完善的保障体系,让教师能够安心工作。

3. 严控聘用入口关

高校教师的聘用,首先参加应聘的人员必须持有教师资格证,另外随着我国高校的发展,学历上至少要达到硕士学位。高校是培养高级人才的摇篮,也是传播知识的圣地,所以高校教师这一岗位对专业性和学术性都有着严格的要求。具有良好教学经历的人员可以提升高校教师的学历结构。高校自身也应该不断适应大数据时代下人才的竞争,高校必须时刻做好人才竞争的准备,在坚持人力资源规划的基础上,顺应市场发展,在保证人才质量的前提下广招人才。充分利用大数据时代的优势,面向全国、面向世界广泛吸纳贤才,公开招聘高水平的教师。

4. 开拓师资渠道

开拓师资渠道的重要意义在于丰富高校师资队伍的学缘结构,充分利用大数据时代的技术优势开拓师资渠道,吸纳不同院系、学派的教师,从而有效地改善学缘结构。师资来源多,岗位选拔的选择性也多,这有利于建设高校教师队伍,提升高校的办学水平。高校应该逐步改变传统的本校毕业生留任的传统,应该尽量减少或不留本校应届毕业研究生、博士生加入本校的教师队伍。从短期来看,这种做法确实会降低教师队伍扩充的效率,但是对于学缘结构的建立却是长久之计。高校教师的聘任不要将眼光局限在本地域,而是应该放眼全国、放眼全世界,高校根据自身的实际情况和能力,在高校自身能力许可下,追求更大的聘任区域,打破地域限制,丰富自身的师资队伍,打造具有学术多元性的优秀教师队伍。

5. 专兼职结合

在大数据时代下,高校教师队伍完全由全职教师来构成显然是不现实的,建立专兼职结合的教师队伍更加符合高校的发展需求。高校根据教学需求合理聘用兼职教师不仅能够补充高校的师资力量,还能突破传统人事固定编制的束缚。推进专兼职教师队伍的建设,可以推动高校内部人才队伍合理流动,促使高校的办学以及科研能力的提升,推进内部良性竞争的形成。我国高校在专职教师的基础上,要更加贴合社会,关注人才市场的动向与需求,合理聘用兼职教师,从而有效地利用市场上优质的人才资源。

高校实现专兼职教师的模式,有利于高校从社会汲取更多的人才力量,在内部教师队伍当中选拔、晋升优秀人才的同时,再向社会聘用人才,这需要做好内部教师培养工作,另外还要做好聘用兼职教师的工作。根据高校发展的大数据信息,高校要结合自身情况来编制教师队伍,通常来说,教师队伍应该留出四分之一至三分之一的教师岗位用作流动岗位,充分利用兼职教师的力量。兼职教师的来源不能局限在人才市场,高校还可以从科研单位、企业、政府等部门聘请专业人士。这些人士不仅有扎实的基本专业理论知识,还有丰富的实践经验,可以带来本校专职教师不同的教学效果。

(二)完善教师聘任制

高校教师职务的聘任建立在双方关系平等与法律契约化的基础之上。高校推进教师聘任具有双边竞争、双向择优的特点,不论是高校还是教师都应遵照契约完成自己的义务,同时获得自身的需求。这种聘任形式适合当前时代的发展,不论是高校还是教师个人,在公平的聘任关系之上,有着相对自由的选择权。

随着高校扩招规模不断扩大,我国高校学生数量逐年增加。在这种情况下,教师数量相对不足,通过专兼职教师聘任的方式可以有所缓解。不过在大数据时代下,随着高校之间的联系愈加密切,教师资源共享机制成为当前高校教育的一个热点。教师资源共享就是充分利用当前的信息传播优势,打破传统高校独立教师管理的封闭状态。实行高校教师资源共享,不仅仅是教师在多个学校任教,更可以利用大数据的信息技术优势,实行远程授课。从另一个角度来看,高校师资资源共享实现的另一个途径是推进产学研合作。产学研合作将高校与企业联系在一起,企业与高校共同参与研究生的培养工作,这种合作机制也可以继续深入,有资质企业可以作为高校教学的实习合作单位。推进企业高校以及科研机构共同携手发展,分享人才资源实现人才共享。

三、革新高校教师薪酬体系

高校教师多以资历来体现自身的价值,高校也会根据教师的资历来将教师安排在相应的岗位上,但是这种方式并不能很好地激发教师的工作积极性。改革教师薪酬体系的目的是激发教师的工作积极性。所以,高校在确立岗位聘任时应以能力为标准,在发放薪资时也将教师的能力和表现作为薪资的参考。

薪酬体系不仅仅是为了稳定教师队伍,也是为了激励教师队伍。随着高校独立性的提高,教师薪酬中高校创收占据了越来越大的比重,所以,高校应该充分发挥薪酬的激励作用。在设置薪酬时,高校应该考虑到两个方面的问题:第一,教师的薪酬应与当地生活水平保持一致,确保教师的物质生活需求;第二,高校要设立绩效工资来体现优秀教师的价值,通过薪酬来奖励优秀教师,也激励其他教师积极工作,努力提升自身的能力。大数据时代下,高校不可避免地加入教育市场的竞争当中。这就要求在高校教师的薪酬体系设置上不仅仅要考虑校内的公平性与合理性,还要参考外部竞争的状况。还应该考虑到由于高校教师的专业和学科各不相同,加之市场的影响,高校教师薪酬水平也要根据学术劳动力的供需状况来发生相应的变化。所以,高校不同学科教师的薪酬也会存在差异,其变化会因为行业市场的情况而发生相应变化。

四、规划教师职业生涯

以往的观念认为个人职业生涯的规划是个人的问题,与单位组织无关。但是,在大数据时代高校要建立优秀的教师队伍,就应该为教师们的职业生涯进行考虑。设立教师的职业生涯规划不仅是为教师服务,更是设立了一个团队发展目标,为教师们的未来发展建立了目标,为教师提供了职业发展的方向,最终可以激发教师工作的积极性,进而建立优秀的教师队伍。

有学者曾经将教师职业按照能力水准划分为五个阶段,分别为适应期阶段、成熟阶段、职业高峰阶段以及职业骨干阶段等。这种阶段划分是以教师的整个职业发展周期来制定的,几乎是每一个高校教师都要经历的职业阶段。而我国对于高校教师职业发展出现过两种观点:第一种观点将教师生涯分为三个阶段,分别为角色适应期、主要发展期以及最佳创造期。角色适应指的是青年教师熟悉高校教学的阶段,适应工作的过程通常需要两至三年的时间才能走向成熟。另一种观点是分为了七个阶段,分别为适应阶段、成长阶段、高速发展阶段、平稳发展阶段、缓慢退休阶段以及平静退休阶段。其实,职业生涯规划的设计有很多,归纳起来都大同小异,都要经历自我认知、制定目标、自我与环境评估、职业选择、职业生涯策略以及评估反馈。

通过这六个步骤来对自己的职业生涯有一个清晰的认识,并设立发展阶段。对高校教师的职业发展引导首先要使高校教师正确地认知自我。高校教师制订自己的职业生涯必须要知道自己追求的是什么,自己生活的目标是什么。对自己有了正确的认知才能选择自己想要的事业,从而来确立自己努力的方向。有了目标就有了奋斗的动力,但是目标的设立应分为短期目标和长期目标,目标的设立要切合实际。接下来,就要以目标为自己的推动力,专心实现自己设定的目标,当完成一个短期目标时,就是向自己长远目标迈进了一步。通过自我与环境评估,高校教师分析当前所具备的客观条件,并结合自身的情况,从而对自己有一个相对客观、合理的评价和认识。通过职业规划,帮助高校教师发现自己的能力和拥有的环境资源,从而帮助自己找到最佳的路径。对高校教师来说,通过职业定位帮助教师制订属于自己的发展计划,寻找到自己当前存在的薄弱点以及自身的优势,思考自己是否真正热爱自己的职业,是否达到了人生道路与职业道路相匹配的最佳状态。

五、创设高校教师激励环境

(一)高校组织相关概念

高校管理通过组织功能完成日常运行工作,是高校组织对教师队伍进行激励的基础。组织由群体构成,具有群体性和分工性,组织的活动自然也是一种群体活动,组织活动的进行需要组织成员相互协作来完成。同时,要形成组织,就必须具备规范性和约束性。要提升组织内部的有序性,就必须处理好组织内部成员之间的关系,所以组织需要建立一个相对稳定的权利结构,以此来进行有序、规范的管理,进而规范组织内部成员的行为。组织还具有目标性和定向性。一个组织没有目标就难以存在,正是因为共同的目标才吸引着成员的加入,才能够形成组织。

高校作为一个大规模的组织,由众多人员构成。学生、教师、行政人员、后勤人员等,他们有着各自的分工,在高校这个大组织当中发挥着不同的作用。总的来说,组织需要有共同的目标才能形成组织。高校的目标就是培养符合时代和社会需要的高层次人才,高校内所有成员都在为这个目标而努力,并根据自身情况来完成自己的职责。这样,高校内部才能形成规范的系统和分工合作的关系。组织并不是人与人之间简单的集合体,而是每一个人都发挥自己的力量,为了共同的目标而努力,同时,在组织系统中每一个成员都在进行不同的自我调整和发展。

(二)高校的组织结构

简单来说,高校的组织结构由领导决策部门、职能管理部门、教学科研机构以及辅助部门共同构成。我国高校在管理层级上,大多数分为校、院、系三个层级,部分高校采用的是四级管理层次。校长作为高校领导决策层的代表,以下为各院系主任和各学科教研室主任,形成直线式、上下层级分明的管理体系。

随着大数据时代的发展,我国高校在组织管理上越来越注重各层级的独立自主权。上一级管理机构会将一部分权力交给下一层级,保证下一层级管理机构在进行组织管理工作时有更大的发挥空间。同时,这种分权制让各学科、各院系可以根据本组织内部的实际情况进行个性化的管理。

在具有一定的自主管理权限后,各院系可以更好地对本院系的教师队伍进行管理,在遵循校内管理制度的前提下,院系往往会更加主动地利用信息技术加强与兄弟院系进行合作。甚至有的高校下属院系自主与企业、科研机构进行合作,不仅提升了自身的学术科研能力,还为本院系教师带来了更多的发展机会和经济收益。给予不同管理层级一定的自主权,充分调动各层级的积极性,不仅能够减轻高校上级管理机构的压力,还能获得更好的组织管理成果。

(三)统筹规划有效的激励制度

高校教师不同于一般的人力资源群体,对高校教师进行有效激励需要针对高校教师这一群体的特殊性来制定。高校人事管理部门应对本校教师队伍的特点有深入的了解,才能做到有的放矢。从行为科学的理论来看,激励手段所获得的激励动力来自行为结果产生的效价与期望值的乘积。当一个人认为某件事情值得做,同时认为成功的概率很大,那么这个人对于做这件事情就有了很大的动力。

那么,高校采用通过提高教师们的期望值的方式,来对教师进行激励,提升教师的工作积极性和热情。根据我国高校实际管理的情况,对我国高校教师采取的激励手段可以通过工作、目标以及强化三个部分进行激励。工作激励就是高校通过对教师的深入了解,结合教师的兴趣爱好,为教师提供一个可以充分发挥教师能力和精力的平台,从而对教师进行引导,提升教师对于工作的认同感和成就感,进而鼓励教师创造更大的价值与成就。每一个人都有自己内在的需求,高校教师作为高层次人才,对于自我价值、自我成就感提升的需求更为迫切。高校教师在工作时希望能够通过自己的能力来获得认同感,实现自我价值。可以说,高校教师的这种自我需求与高校的总体目标是一致的。所以,目标激励的方式就是高校要对教师进行引导,将其个人目标与高校以及整个社会的目标进行融合,实现集体目标的同时也实现了个人的目标。所谓强化激励,就是高校运用管理手段对教师的薪酬以及工作活动进行调整,为教师提供更大的工作动力,从而实现更高的目标,产生更大的价值。随着大数据时代的到来,我国社会发生了巨大的变化。人们的价值取向也在发生改变,人们开始注重自我价值的提升以及自我人生目标的实现,所以,仅仅通过简单的激励手段是难以充分调动高校教师的主动性的。这要求高校在教师人员管理上要更加贴近教师,在物质与精神两方面给予教师足够的支持,特别是对重点学科和关键岗位,高校更要投入更多的精力。稳定、吸引人才是大数据时代下高校发展的基础,人才成为高校在新时代核心竞争力的重要组成部分。

第五章 高校教师教学学术能力提升策略研究

第一节 高校教师教学学术能力概述

一、教学学术能力的内涵

高校教育学术观是随着时代发展而不断变化的。大学形成之初,高校的教育学术观是传播知识培养人才。19 世纪洪堡将科研纳入高校,第一次扩充了高校教育学术观。19 世纪末,社会发展的潮流下,社会服务也加入到高校学术观中,形成了当今高校学术观的最终格局。20 世纪初,欧内斯特·博耶为改善美国高校重科研轻教学的情况,以全新角度审视高校教育学术观,提出了高校教学学术这一概念,将本被置于学术概念之外的教学纳入学术范围。

在博耶看来,"教学学术能力"即指深入理解教学内容,在教师自身对高深知识的理解与学生所能接受的知识之间建立桥梁的能力。① 博耶提出,教学和发现知识、整合知识、应用知识一样,是学术型而非技能型的工作,教学需要教师在所教专业知识的基础上广泛涉猎相关知识,以高效的方式将知识传授给学生,既完成教学目标下规定知识的传授,又能帮助学生建立独立探索的思维和对知识的好奇。优秀的高校教师应该不仅是知识的发现者,更要成为合格的知识传播者。博耶希望通过教学学术概念的提出,将教学和科研放在统一的学术地位,高校教师能够不再顾此失彼,从而改善重科研轻教学而导致的高校教育质量下滑。随后,奈斯对博耶教学学术能力的内涵进行了明确地阐述。他认为高校教师的教学学术能力应当包括三部分:第一部分是概括的能力(Synoptic Capacity)。教师要以一种连贯的、有意义的方式将知识贯穿在一条线中,将这条线索放置在学生已知的情境之中,引导学生通往获取高深知识的大门;第二部分是学科教学知识能力(Pedagogical Content Knowledge)。教师以超越知识实体与教学过程分裂的方式表现所传授高深知识的能力;第三部分是探究教学的能力(What We Know About Learning)。教师探究学生学习的过程,并以此为依据提升自己的教学能力。在教学过程方面,李·舒尔曼在博耶的基础上将学生纳入教学学术的

---

① 许晓丽.外语类高校英语教师教学学术能力及其培养策略研究——以西安外国语大学为例[D].西安:西安外国语大学,2015.

研究对象,将博耶提出的教学学术(the scholarship of teaching)扩充为教与学的学术(the Scholarship of teaching and learning),重视师生间的互动,重视学生对教师教学的反馈。教师教学学术能力的内涵由传统的以教授为中心转变为兼顾教授和学习。

二、教学学术的特点

(一)学术性

传统的高校教学观中,教学是单纯的传递知识,教师只要掌握相关学科的知识就可以进行教学活动,教师岗前培训也只是一种形式化的需求。随着教育心理学的发展,人们逐渐意识到高校学生是身心发展成熟的成人,有其自身主观能动性和不同的学习方式,固定统一的教学模式不再适用于高校教学。高校教学与中小学教学的差别在于,中小学教学注重学生的学习方法和教师的教学模式,高校教学重点在于如何将高深的学术知识有效地传递给学生并引发其主动探索。常见的对高校教师教学的误区在于认为好的科研人员等同于优秀的高校教师,在优秀的科研成果面前,教学能力和教学研究成为了可有可无的技能,高校更注重高校教师作为"学者""研究者"的价值,而不再是"教师"。

教学学术的提出,将教学由技术性的知识传递转化为需要探索的学术研究,改变了教学的性质。这种转变赋予了高校教师研究教学活动的权利,当教学和科研处于统一地位,教学便成为需要发现、研究、反思的学术。这种转变不仅舒缓了高校教师科研和教学之间的矛盾,也为高校教师深入研究教学提供了理论基础。

(二)相对性

以教学的角度来看,教学学术是一种彰显教学水平的活动,包含教学学术和学术性教学两方面。以学术角度来看,教学学术具有发现、应用、整合、传播这四种学术维度。因此,要保障教学学术的有效实行就要内外结合共同发展,内在提升高校教师对教学学术的认识和正确的教学观,外在加强高校相关制度的完善和建立,内外结合,以外在制度加速内在思想的提升,以内在思想渗透外在制度的完善。既借鉴国外成功案例,又要立足于我国高校实际情况;既注重教学方法的沟通,又要注重学科间的差别。

(三)实践性

教学学术能力具有实践性。教学实践活动是教师教学学术能力形成的基础和前提。教学学术能力与特定的教学活动相联系,教师在教学活动中如何实践,就会有何种程度的教学学术能力。例如,基思·特里格威尔将教师的教学学术能力划分为四个维度:知识维度、反思维度、交流维度和观念维度。不同的教师在不同的实践活动中会形成四个不同层次的教学学术能力水平:未形成、基础层、中间层和作用层。衡量教师教学学术能力水平的高低,只需要对照他提供的等级量表即可。当然,教学学术能力所依托的实践活动不仅仅包括教学活动,还包括对教学成果的同行评价、教师教学过程的自我反思等。

三、提高高校教师教学学术能力的意义

(一)提高高校教师教学学术能力对学术发展的意义

学术性是高校教学活动的根本特征,是区别于其他教学活动的主要特点。因此,提高高校教师的教学学术能力,目的在于帮助高校教师多方面提升个人能力,教学和科研相互联系、互为基础,提高高校教师科研能力,使学术能获得更好的发展。

(二)提高高校教师教学学术能力对教学发展的意义

高校教师的根本任务在于教学。博耶提出教学学术理念,将教学纳入学术范畴,与科研不再有上下等级之分。正确认识教学学术内涵的高校和高校教师会意识到教学和科研是密不可分的整体。高校教学过程不仅是知识的传递,而且是包含着创新、探索、研究等一系列复杂活动的研究。社会的高速发展,知识不断创造,学科间的分化性和复杂性要求高校要转变传统的教学模式、顺应发展规律、改变传统的学术观和教学观,由教学理念入手,时间教学方法、教学内容、教学评价等一系列改善。

(三)提高高校教师教学学术能力对高校教师专业发展的意义

高校教师的专业化是一个不断走向完善的过程,高校教师的专业水平不是一成不变的,而是随着教学年限、个人自我提升、培训等不断提升的,教学学术能力的提升是高校教师不可忽视的因素之一。以教学学术的视域下审视教学活动和已有教学问题,以研究者的身份探究问题的本质,与不同学科的教师自主交流、交换知识,以跨学科、多角度的思维方式来处理教学活动中的问题。教学理论知识的合理运用,不仅能帮助教师有效解决教学难题,更能帮助教师形成创造性思维,形成新的教学理念并由此拓展自己的专业水平。高校教师在使用教学学术这一理念的过程中,本就在走发现—整合—应用—传播知识的过程,提高教学学术能力更能有效地帮助教师提升专业水平。

第二节 高校教师教学学术能力提升的策略

随着高等教育的开放化与全球化趋势不断加快,社会各界对高校教育质量的要求不断提高,高校教师作为高校教育活动的直接参与者,其教学学术能力的提升也成为高校教育质量提升的重要部分。因此,我们应该以长远的眼光审时度势,抓住机遇,将提高高校教师教学学术能力作为加快高等教育改革的重要内容,纳入21世纪高校人才培养目标之中。将教学学术能力纳入高校教师整体素质之中是基于高校教师教学学术能力与教学水平、科研水平的提升有着本质的、不可分割的联系。教学学术能力不仅关系着高校教师的综合教学水

平,也同样关系着学生对高校教学的满意度和高校教学的学术性。

一、高校教师教学学术观念的提升

(一)明确教学学术的内涵

提高高校教师教学学术能力的前提是明确教学学术的内涵。高校教师需将教学学术和学术性教学、优质教学区分开来。同时,正确认识教学学术的作用,教学学术能力的提升并非是对高校教师增加工作负担,而是以将教学、科研相结合的方式进一步促进高校教师的整体素质。

(二)高校加强提升教学学术能力的意识

高校教学作为有目的性的活动,有其一定的知识基础。高校教师对所教授学科的专业知识并不匮乏,但是,教龄长的教师在知识储备上明显超过教龄较短的教师。教师职业的专业性在于专业知识、专业情意和教育学相关知识。由此可见,造成教龄长的教师在知识储备方面优于教龄短的教师的主要原因在于教育学知识。由于教育教学活动是一种学术性的教学活动,所以,教育学知识可分为教育理论知识和教学实践知识。教育理论知识来源于培训和书本,教学实践知识则多来源于活动。能否将活动中收获的经验转化为可指导下一次教学活动的理论知识是提高教龄较短的高校教师的教学学术能力的关键。

高校教师应有意识加强对日常教学活动中的行为反思,尤其是系统性、批判性反思。正确认识教学学术,以研究学术的方法来进行教学研究。将教学活动生成的经验转化为可评价、可接受同行评议、课将结果公开发表的显性知识。

二、完善高校教师教学学术能力培训

(一)提高教师培训质量

当前高校教师参加岗前培训已成为上岗的必经阶段,高校也会定期选择不同教师参与高校教师进修学习。

1. 转变传统培训方式

青年教师的职前培训应分专业分学科聘请本专业经验丰富的教师对其进行有针对性的讲解;教学学术强调重视教师对知识的传播方法和教师的教学技能。要提升教师的教学学术,应率先加强师范类高校对师范类学生创新能力的培养。师范类学生是未来从事教育事业的第一线人员,因此,在校学习期间,学校应着重对其创新能力进行培养,鼓励学生提出教学新想法、新观念、形成创新性思维,便于将来投入实际教学工作中。

2. 加强对青年教师的培训力度

对青年高校教师,高校可在本校内开展小范围教师培训,以教学相关奖项获得者、优秀的中年教师为主体,为青年教师开展教学辅导工作。当今高校多实行导师制,教学辅导工作同样可实行一对一的导师制,由本学科内教学经验丰富的教师引导青年教师增强自身教学能力、解决实践中遇到的教学问题,高校可提高对辅导教师的补贴以加强其工作积极性。学院内要加强监管,定期检查青年教师及其导师间的学习、交流情况。不同学院之间可以学期为单位组织青年教师的非正规教学评比,以便不同专业之间教师互相学习互相观摩,共同探讨教学模式,不仅能够获得教学能力的提高,更能接触不同专业的学科知识拓展视野。

3.提高对中年教师的培训质量

对中年教师,国家可依不同高校各自的学科特长、师资力量等在全国范围内组织特定的高校教师培训机构。明确不同地域机构所负责的相应高校的教师培训工作后,由高校分批选定教师参加培训。培训人员配置方面,该培训机构中需有优秀的学科研究员和教研员,满足不同学科不同专业教师的培训需求;培训内容方面,杜绝传统的说教式理论传递,以探讨学科新动态和提高教育方法为主;培训考核方面,取消课程结束时的形式化考核,采用定性考核,以理论实践相结合为考核方式,同时将该培训机构的考核成绩纳入高校的教师评价。

(二)加强高校教师合作交流机制

传统的教师观将教师定义为熟练的技能者,在这种观念下,优秀的教师是熟练的教学技工而非教学创造者。现代教学观认为教学不仅是科学,也是艺术,因此,教学是一种创造性文化,教师是一种教学创造性职业而不再是单纯的技能者。这种新的教学观念下,教师专业的发展提倡教师在教学活动中加强与同行的交流,分享教学经验,共同探讨教学问题。一方面可以在与同行的交流中开拓自身视野,丰富知识;另一方面可以在交流中,以旁观者身份看待问题,跳出活动当事人的身份,多角度更辩证的看待问题。高校应促进高质量教师交流活动。

1.妥善利用优质交流合作资源

当前高校的教师交流多以校内交流和国内交流为主,与国外高校的交流尚处于发展阶段,远不能达到普及程度。当前高校国际交流的机会分配不均,多以研究型高校为重,因此,就职于重点高校的教师比普通院校的教师有更多更好的国际、校际合作交流机会。高校教师教学学术能力的提高离不开教学交流能力的提高。重点高校应加强与国外重点高校的合作交流,除近年来大力发展的交流生项目外,也应重点推进教师的交流合作,如:选派教学成果优秀的教师以学者身份到世界重点大学研究学习,且不仅要学习国外先进的科研成果,更要注意观摩世界顶尖大学的教学模式和教师的授课方式、研究方式,回国后依据我国实际情况加以整合、应用。普通高校应加强与国内高校的交流合作,探究先进教学模式,定期与国内教学专家交流探讨。

2.妥善利用教师交流平台

可建立教师交流平台,教师可将所遇到的棘手问题在交流平台(如微信等即时交流平台)上与其他教师共同探讨,最终得出合适的解决方案,避免了传统的师生之间的交流获得的习惯性反思。教学学术能力是指高校教师可从教学实践中提取核心问题,并以批判式反思思考,以学科知识论的研究方式进行问题探究并将得出的结论用于指导下一次教学实践的能力。因此,加强教师交流平台的建设,加强现有国际交流合作资源下对先进教学模式的探究是提高高校教师交流合作能力的关键。

（三）发挥教师专业发展组织的作用

教师组织存在的主要目的在于促进教师发展,保障教师权益。作为一名合格的高校教师,理应加入一些组织并通过组织的相关成员建立自己的同行关系网。高校教师专业的发展离不开相关组织的理论支撑和实践支持,教师组织可以通过科学的方法共同探讨教师教学活动中遇到的问题,共同寻求最佳解决途径。当前我国教师组织形式多以教师协会、教师工会为主,定期交流、探讨学术。但当前的教师组织多以学校为主要组织者,少有教师自发组织;教师多因强制因素参加,少有因兴趣自发参加教学研讨和学术研究活动。高校教师可凭自身研究兴趣和教学兴趣自发组织教师进行教学讨论,同时,改变传统模式中只有教师参与的现状,将学生纳入讨论。学生的加入可以帮助教师直接收到教学反馈,验证教学质量和效率。若教师担心学生的加入会影响研讨的效率和质量,可在研讨会开始前指派学生以不记名的方式收集学生意见,筛选后将有价值的意见纳入教师组织的研讨当中。

三、通过改革高校教师管理制度提升教学学术能力

高校教师教学学术能力的发展除自身提升和教师组织配合外,相关教师管理制度的完善也是不可缺少的部分。教师评价能力的提升,教师评价制度是其中最重要的部分,教师评价直接引导教师行为,是提升教师教学学术能力的外在动力。

（一）将教学学术理念贯彻高校教师管理

完善的高校教师管理制度是保障教学和科研获得互惠双赢的关键。高校教师努力提升自身教学学术能力的同时,高校也应与时俱进转换管理思路,将教学学术理念纳入高校教师管理中来,在教学学术思想视域下开展高校教师管理工作。

1. 提高教学在招聘环节中的地位

高校应从招聘阶段开始严格把关,可先从高校教师资格证开始,将高校教师资格证与科研成果共同列入应聘高校教师的必备资格。在青年教师进入高校后在规定时间内学校同行教师、学生对其教学成果进行多方面检验。这样一方面能在理论方面和实践方面保障青年高校教师的质量,另一方面也能加强其他教师的自我提升意识。

2. 提升高校教师教学自主权

高校教师是教学活动的引导者,是知识的传播者,在既定教学目标下,高校应扩大教师

教学自主权,适度提升教师对教学内容的支配权。高校可提前制定教师基本规范,明确教师的可操作范围,但无需做到事无巨细。在完成教学任务的前提下,教师有权根据学生情况适度增加一些有益于增进学生智能发展、开发学生创造性的课外教学内容。如高校教师可以根据本学科具体情况让学生参与到教师的科研项目中来,一方面教师在做中教,不仅增强了学生对知识的兴趣,也有助于学生掌握知识在实际操作中的具体使用方法;另一方面也有助于教师顺利完成科研项目。

(二)提高教师考评制度中教学学术的地位

我国学者对高校教师教学学术制度保障研究比较重视,也取得了相应的一些研究成果。学者对高校教师教学学术的制度保障研究主要集中在该校高校教学管理制度、教师的选拔、评价和奖惩制度等几个方面。

1. 将教学学术纳入教师考评范围

要改善当前高校重科研轻学术的情况就必须首先转变对高校教师工作的评价方式,重新制定高校教师工作评价制度,不仅要将教学纳入学术范围内,更要将教学纳入教师考评范围内。

2. 考评教学学术多元化

高校应将教学学术理念纳入教师评价系统中,即从发现知识、整合知识、应用知识、传播知识四方面综合考查教师工作。对不同类型院校、不同学科教师采取不同政策,注重评价对象的广泛性,将教学学术成果列入教师考评系统,加大对教学的人力物力投入,增设教学学术相关奖项鼓励青年教师投身教学学术的研究中,使以教学为重的教师和以科研为重的教师能享有同样的福利待遇和学术地位。

第六章 高校教师信息化教学能力提升策略研究

第一节 高校教师信息化教学能力发展的理论基础

一、相关概念界定

(一)信息化教学

学术界对于信息化教学的内涵,不同的专家、学者给出了不同的定义。其中,张一春教授的信息化教学定义是广泛受到认可的定义之一:信息化教学,是以现代教学理念为指导,以信息技术为支持,应用现代教学方法的教学。在信息化教学中,要求观念、组织、内容、模式、技术、评价、环境等一系列因素信息化。

从定义中可看出,信息化教学是融合信息技术、现代教学理念、现代教学方法、学科知识,促进师生共同发展的教学方式。可见,信息化教学并不是单一的在传统教学上添加信息技术手段的一种教学方法。

(二)信息化教学能力

目前,关于信息化教学能力定义还没有统一的认识,不同的学者有不同的观点。王卫军认为教师信息化教学能力的目的是促进学生发展,结合相关的信息资源,在从事教学活动中完成教学任务的综合能力。信息化教学能力包含信息化教学迁移、融合、交往、评价、协作能力及促进学生信息化学习能力六种子能力。[1] 张艳将信息化教学能力的定义为:以促进教师和学生的共同发展为目的,在教学中运用信息与传播技术进行教学设计、教学实施、教学评价及教学反思的过程所需具备的综合能力。刘喆、尹睿则认为基于真实的教学情境是信息化教学能力的本质,强调教师能够具有借助信息通信技术在学科知识和学生获得之间转化的能力,信息化教学能力是一种知能结构体。[2]

通过对以上的分析,我们可以发现,虽然各位专家学者从不同的角度对信息化教学能力内涵进行阐述,但是其落脚点都关注信息化环境下教师完成教学活动中的能力。综上所述,本研究认为该能力是指教师在信息化环境下,运用信息技术,应用现代教学方法完成教学实践优化教学的能力总和。

---

[1] 张艳.高校新教师信息化教学能力发展研究[D].南京:南京师范大学,2012.
[2] 刘喆,尹睿.教师信息化教学能力的内涵与提升路径[J].中国教育学刊,2014(10):31~36.

二、教师信息化教学能力的构成

不同学者从不同角度对信息化教学能力结构进行了分析,形成了对教学能力的不同理解和认识。伦弗洛·C·曼宁(1998)认为教师的教学能力包括制订教学计划、教学活动、课堂管理能力和知识传授能力等。① 日本冈山理科大学小山悦司教授从技术层面和人格层面划分教师教学能力。申继亮认为教学活动是科学与艺术的统一,包括教学监控能力、教学认知能力、教学操作能力。② 从研究文献上看,教师教学能力具有复杂的结构形式。

米什拉(Punya Mishra)和科勒(Matthew J. Koehler)在李·舒尔曼的学科教学知识PCK的基础上提出TPACK的概念,提出关于教育技术、学科内容和一般教学法的知识理论框架。这一理论为研究教师信息化教学知识结构提供了很好的思路。在此基础上,我国学者王卫军又借鉴TPACK的研究成果,提出教师信息化教学能力的知识结构框架,③ 如图6—1所示。

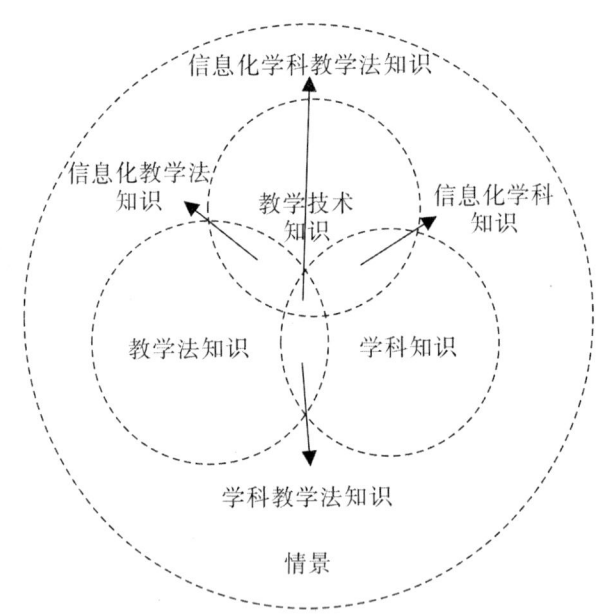

图6—1 教师信息化教学能力知识结构框架

与米什拉、科勒的框架不同,王卫军进一步明确技术知识指教学技术知识,而非单一的技术知识。同时,他提出教学技术知识、教学法知识和学科知识相互融合产生四种教师知识。根据教师信息化教学水平不同,可分为三个层次的知识:第一层次的知识是教师信息化教学能力的基础知识,具体包括学科专业知识、一般教学法知识和学科教学法知识;第二层次的知识是教师信息化教学能力的知识主体;第三层次的知识是信息化教学综合知识。

---

① 曾拓,李黎.教师教学能力研究综述[J].绍兴文理学院学报,2003(01):102~105.
② 申继亮,王凯荣.论教师的教学能力[J].北京师范大学学报(社会科学版),2000(01):64~71.
③ 王文君,王卫军.教师信息化教学能力实践分析[J].现代远距离教育,2012(03):67~74.

三、高校教师信息化教学能力结构重组

教育信息化的发展促进中小学教学改革,各种教学内容和教学方式的变革也为教学质量的提升带来了机遇。《中小学教师教育技术能力标准》进一步明确了教师信息化教学的能力,为教师提升信息化教学能力奠定基础。反观高等教育领域,《国家高校教师教育技术能力指南(试行)》(以下简称《指南》)是目前专门针对高校教师提出的教育技术能力标准。《指南》是基于"高校教师信息素养现状与高校教师教育技术能力框架的研究"项目,经专家反复审核、修订完成的教育技术能力标准。对促进高校教师专业化发展,规范高校教师信息化教学能力培训具有重要意义。

《指南》有5个能力素质维度,15个一级指标,以及若干针对教学人员、管理人员和技术人员的概要绩效指标。借鉴《指南》中高校教师教育技术能力标准框架,本文研究重点关注高校教学人员信息化教学能力,提出针对高校教师信息化教学能力标准的结构框架如表6-1所示,包括意识与态度、知识与技能(包括基本理论与方法、基础设备与工具、教学模式与方法等)、设计与实施(包括教学内容、教学活动、交流等)。

表6-1 教师信息化教学能力标准框架

能力素质维度	一级指标
一、意识与态度	(一)重要性的认识
	(二)应用意识
二、知识与技能	(一)了解基本理论与方法
	(二)熟悉设备与工具使用
	(三)掌握模式与方法
三、设计与实施	(一)教学内容的恰当选择
	(二)教学活动的有效实施
	(三)教学媒体、资源和工具的应用
	(四)教学问题的有效交流

根据米什拉、科勒的TPACK理论和《指南》中信息化教学能力的指标,得出两者的内在统一性在于信息化教学能力结构中包括信息技术应用能力、学科教学能力、信息技术与课程的整合能力三部分。由此,分三个维度重组信息化教学能力结构:信息化教学意识和态度、知识和技能以及设计与实施。

第二节 高校教师信息化教学能力提升的策略

随着"互联网+"的不断发展,高等教育领域的教学信息化已成为发展的必然趋势。有学者在研究信息化教学的发展模型中指出,它像任何新生事物一样,具有从认知到体制化、

最后再成为成熟社会群体活动的过程。① 目前高校教师的信息化教学能力水平尚处于初步发展阶段,需要从被动接受过渡到主动学习中去。信息化教学的发展从国家政策导向具体落实到课堂实践,需要高校自身做好引导和教师群体积极主动学习的共同配合。

一、教师层面的优化策略

(一)激发信息化教学需求,发掘内在学习动力

社会信息化为高校教学信息化提供了很好的外部环境和发展动力,从社会信息化到高校教学信息化,需要学校完成外在动力到内在动力的转变。如何激发学校内在信息化教学需求,找到内在发展动力成为促进教师信息化教学能力发展至关重要的第一步。教师应积极主动了解本学科领域信息化教学的潜在需求,将对信息化教学的认识从社会领域逐步转移到自己的专业特色领域,从自身需求出发,积极探索信息化手段在教学中的重要作用。

(二)提高信息化教学意识,主动进行角色转换

信息化教学不仅仅是利用信息技术达到辅助教学的目的,更重要的是信息化教学理念下教师角色定位的转变。教师应该由知识的传授者转变为学生的指导者和合作者,成为教学资源的开发创造者,课堂的"导演者"和信息化教学的"实践者"。只有教师信息化教学的实践伴随角色的转换,信息化教学能力才能真正得到提升。

(三)树立终身学习意识,积极主动实践信息化教学

教师信息化教学能力的提升离不开终身学习,只有树立终身学习的意识,才能在教学实践中自主学习新知识、新技能。首先,教师应该根据自身特点和学科背景,制订与信息化教学相匹配的学习计划和目的,例如教学设计、知识点分割、视频制作和资源整合等,循序渐进地提升自身的技能。具备一定的信息化教学能力的教师应在实践中发现、记录问题,针对自身能力薄弱的环节自主选择学习资源,加强理论和实践能力。

二、学校层面的优化策略

(一)建设软件环境,丰富教学资源

教师信息化教学能力的提升离不开软硬件环境的支持,随着高校对信息化教学投入的加大,硬件环境日渐成熟,软件环境的进一步建设显得尤为重要。软件环境包括各种数字化教学资源、网络教学平台和信息化教学管理系统等。

首先,数字化教学资源是信息化时代教师教学的重要信息来源,是开展信息化教学活动的基础。丰富的资源在优化教师教学效率与质量的同时,也能吸引学生注意,激发学生学习兴趣,从而促进高质量教学活动的展开。其次,网络教学平台是依托于计算机为线上教学提

---

① 谢虎.高校课程信息化教学绩效成熟度模型的构建与应用[D].广州:华南师范大学,2014:86~88.

供专业支持的软件系统。具体包括网络课程开发工具、网络教学资源管理系统和网络教学系统等几个部分。教师依托网络平台，可以进行课件的制作与发布、在线师生交流、学习互动、在线教学评估和课程管理等一系列教学活动，不仅方便了教师的"教"，更促进了学生的"学"。国外的 Web CT、Blackboard、Moodle 和国内自主研发的网络教学平台北大在线、清华在线等都是优秀的网络教学平台。高校积极研发和引进优秀网络教学平台是在客观环境上支持教师进行信息化教学，进而提升信息化教学能力的重要手段。最后，教学管理系统是教学管理和服务的支撑平台，也是维护教学秩序的重要方法。教学管理系统的信息化能提高管理效率，避免信息的错误传递和时间的浪费。

(二)改革评价机制，调动教师积极性

教师信息化教学能力意识和态度具有高度相关性，即促进教师信息化教学意识和态度是提高能力的重要环节。高校应制定与信息化教学相匹配的全新的教学评价体系。例如，青年教师群体为了获得更好的晋升机会，在科研领域的精力花费远远超过教学，这也客观造成青年教师在信息化教学中意愿不强的问题。为此，高校应将信息化教学能力与个人教学评估、院系评优和职称评聘相挂钩，从评价体系层面充分调动教师的积极性。具体包括物质奖励和精神奖励相结合，表彰对信息化教学做出贡献的个人和部门，开展评比活动，充分肯定教师信息化教学工作的价值等。

(三)优化培训模式，发挥网络教学平台优势

针对目前高校教师信息化教学培训存在的问题，高校在对教师进行信息化教学培训时，应从以下几个方面加以改进。

1. 理论联系实际，开展针对性培训

培训内容应将理论知识应用于教学实践中，注重培训的针对性和教学实用性。在培训过程中，将基础技能普及与"问题导向"相结合，从教师实际应用困境出发，采用"发现问题—分析原因—设计方案—查漏补缺"的流程设计来进行分类培训。这种培训方式更能激发教师的参与度和积极性。

2. 线上线下结合，开展多元化培训

培训方式的单一是影响教师信息化教学积极性的重要原因。教师由于工作繁忙，集中面授的培训方式不能满足所有教师的需要，因此，变革传统的集中面授和讲座形式的培训方式，充分利用网络教学平台，开展线上与线下相结合的培训模式是互联网时代提升教师信息化教学能力的有效手段。教师可以在网络上选择优质的课程资源，接受技术专家的在线指导答疑，有利于克服教师培训时间和空间上的限制。与此同时，线下的集中培训(包括专家讲座、研讨会和实地考察等)能让教师在交流协作中学习新知识和新技术，从而不断提升信息化教学能力。

3. 完善管理机制，开展持续性培训

针对反映的培训周期短的问题，高校层面应从制度层面制定管理办法，定期开展相关培

训。设立机构,从制度上落实培训计划是提升教师信息化教学能力的关键。

4. 设立专门机构,完善管理机制

高校教师信息化教学能力水平的提升需要以完善的组织机构为基础,组织机构能有效保障教学信息化的顺利展开。国外学者威廉·辛诺特和威廉·格鲁伯率先提出 CIO(Chief Information Officer,译为首席信息官)的概念,后逐渐被高校采用,形成高校 CIO 管理体制。

CIO 管理体制包括信息化领导小组制定发展战略和做出决策,其下设信息化咨询委员会和信息化办公室,前者包括高校相关专家学者等,为信息化领导小组提供相关咨询和建议,后者负责具体短期规划、长期规划和方案实施的监督。同时,各学院的 CIO 根据信息化办公室的规划和通知及时更新信息,保障规划得到切实实施。除了 CIO 管理体制,国内也有高校教师信息化教学能力提升任务,由教师发展中心负责。教师发展中心辅助教师开发具有学科特点的教学资源和工具,在实际应用中逐步优化教学质量,同时在高校内部形成浓郁的信息化教学文化和氛围。

第七章 高等教育管理概念解析

明确高等教育管理的目标,遵循高等教育管理的规律和坚持高等教育管理的基本原则,是实行高等教育管理的起点和前提。目标、规律和原则反映了一定的社会观和价值观,体现了某种管理哲学。高等教育管理的目标、规律和原则渗透在管理工作的各个方面,贯穿于高等教育管理工作的全过程。

第一节 高等教育管理目标

一、目标及高等教育管理目标

(一)目标的含义和特性

目标就其词义来说,是指目的,如为一个共同的目标而奋斗。具体来说,目标是指在一定环境条件下和一定范围内,个人群体或组织以预测为基础,按一定的价值观,对自身行为所确立并争取达到的最终结果的标准、规格或状态。

目标是主观见之于客观的东西。一方面,目标集中反映人们的设想、愿望,体现其意识的主观能动性;另一方面,目标又超前反映未来的标准或状态,体现其存在预想的客观现实性。因此,作为目标,总要使主观需要和客观可能保持一致。目标具有以下几个特性。

1. 未来的导向性

目标属于方向的范畴,为人们展现未来的经过努力可以达到的前景。目标是对未来的预测,是超前思维的产物,对人类的实践活动具有引导作用。任何组织、部门要提高其管理效能,都必须制定某种方向维系和组织各个方面,以指引单位成员共同活动。只有使目标的影响渗透到各项工作中,才能达到鼓舞士气、增强凝聚力、提高工作效率和效益的目的。

2. 主客观的统一性

目标既是由人所设想和确立的,是"观念地存在着"的东西,它又总是人对客观认识的反映。人对客观现实有了正确的认识,才可能制定出正确的目标。正确的目标,必然是主观设想和客观存在的统一。主观和客观的高度统一性,是保证目标正确性的前提和基础。

3. 社会的价值性

目标不是组织自身所能完全决定的,也不纯粹是个人意愿的表现。按照系统论的观点看问题,任何组织都是社会中的或大或小的分子,其存在和活动的方式均受社会的制约。因而目标的确立必然要反映社会的要求。这种基于客观现实、体现主观意志、反映社会要求的目标是人们认同的一种方向,其一经确立,便具有使人们为之崇尚和追求的价值。

4.系统的层次性

目标不可能是单一的,各级目标纵横排列,形成了层次结构。一般来说,上一层次的实现目标的措施,成为下一层次的目标;达到下一层次的或局部的目标,是为了实现上一层次或总体的目标服务的。高层次的目标往往从宏观角度出发,体现其战略性和概括性的特点;而低层次的目标往往从微观角度出发,反映出战术性和具体性的特点。

目标有从属目标和递进目标,有隶属层次(总体、部门、个体)、时间层次(远期、中期、近期)、要求层次(高级、低级),构成目标系统。

5.过程的实践性

目标的实现是连续性和阶段性相统一的过程,也是完成主观走向客观的过程。这一过程归根结底是实践的过程,离开实践就不可能制定出正确的目标,就谈不上目标的实现。因为目标总是在认识、实践、再认识、再实践的过程中制定、调整和实现的。

(二)高等教育管理目标的含义和规律

1.高等教育管理目标

高等教育管理目标是指高等教育主体根据实现高等教育目的的要求,对各项高等教育管理活动中管理对象在一定时期内所要达到的预想结果做出的标准规定。从根本讲,与高等教育的育人目的是完全统一的。随着高等教育改革的不断深入,高等教育与社会的经济、政治、文化等各个方面的联系日益密切。相应地,也日益承担起更多的社会职能。它需要面对各种各样的社会期望,尽力满足多方面对知识和人才的需求,这就带来了高等教育管理目标的多样化。

2.高等教育的管理目标

高等教育既具有外部规律,又具有其内部规律。外部规律是指高等教育必然受到社会诸因素的制约和必须为社会的政治、经济和文化等方面服务的规律。内部规律是指高等教育必须遵循人的认知、成长和发展规律以及人才培养规律。

从外部规律和内部规律的划分方法出发,高等教育的管理目标,可以划分为外部目标和内部目标。外部目标是反映高等教育社会功能,即在经济发展和社会进步中所起作用的目标。内部目标则指反映高等教育活动状态的目标,如教育目的、要求、途径、质量、水平、条件保证等方面的目标。因而,外部目标可以说是功能性目标,内部目标则可以说是状态性目标。

外部目标体现于高等教育主管部门对教育活动的决策和控制上,内部目标则体现于高等教育实施部门(高等学校)对自身价值的追求上。

二、高等教育管理目标确立的意义

(一)高等教育管理目标确立的意义

在高等教育管理活动中,确立其管理目标具有十分重要的意义。

1.目标是高等教育管理的出发点和行动依据

目标具有决定管理活动方向的作用。高等教育管理目标,决定高等教育管理活动的方向和任务,规定高等教育管理活动的内容,影响高等教育管理活动的途径和方法。高等教育管理活动,是为了最终有效地实现高等教育管理的目标。没有目标的高等教育管理就失去了方向和意义。高等教育管理活动的全过程应着眼于对目标的管理,高等教育的一切管理活动要围绕着实现高等教育管理目标这一根本任务。

2.目标是调动高等教育管理者自觉性的重要手段

目标具有激励和鼓舞作用。做任何事都要注重效果,高等教育管理也不例外。虽然效果的取得受多种因素的影响,但人的自觉性和有效性是直接相关的。人的自觉性越高,有效性就越大。因此,确立并使管理者明白高等教育管理的目标,才能使之形成自发的思考和积极的行为,进而产生热情和激情。

3.目标是处理高等教育管理主客体矛盾的必要条件

目标具有修正、完善作用。目标既是预期可以达到的,也是需要经过一定的努力才能达到的。确立目标的全过程,也是分析和认识主客体矛盾的过程。实现管理目标的努力过程,也是发现矛盾、处理矛盾和最后解决矛盾的过程。

4.目标是检验高等教育管理效果的依据

目标具有评估作用。检验高等教育管理的效果,主要不是看做了多少事情,而是要依据原来确定的高等教育管理目标检验实际管理活动的效果,做那些事倍功半的事情是与科学管理的要求相悖的。只有确立高等教育管理目标,才能检验其管理成效的高低和效果的大小,才能使高等教育的评估有章可循。

(二)高等教育的目标管理

高等教育目标管理是高等教育管理者引导高等教育实施部门以及全体成员共同确定高等教育管理目标及其体系,以目标为中心,明确各自责任和发挥各方面主动精神,协调和控制培养各类高级人才的工作进程,检查和评估完成状况的组织活动。简而言之,就是一种对高等教育目标的确定、实施和评估全过程的管理。

高等教育的目标管理,其基本含义包括以下内容。

(1)高等教育目标管理和高等教育管理一样,均是高等教育的组织活动。但目标管理活动的特点是"以目标为中心",与高等教育的计划管理、质量管理等有区别。

(2)任何活动都是有过程的,在高等教育目标管理的活动过程中,目标是贯穿始终的主线,表现在目标的制定执行、检查和评估等方面。

(3)高等教育目标管理的提出和发展,关注人的同时,注重人和工作的结合。必须使各层管理者和被管理者明确自身的责任,提高自觉性,做到自我控制、自我检查和自我评估。

高等教育管理的核心是高等教育的目标管理。目标管理活动的一般程序是目标制定、目标实施、目标检验、目标价值。这与一般常规管理过程中的四大环节,计划—执行—检查—总结基本上是一致的。因此,围绕高等教育的目标管理的过程,就能更好地实现高等教育的有效管理。

三、高等教育管理目标确立的依据

高等教育管理目标的确定,需要科学的依据。高等教育管理目标是整个高等教育发展目标的一部分,它的确立必然受制于高等教育发展的各方面的因素。确立高等教育管理目标,既要适应社会发展的外在要求,又要符合高等教育发展规律的内在需要,还要考虑高等教育管理对象的诸因素的不同状况。

(一)高等教育管理目标确立的社会发展依据

确立高等教育管理目标,必须把高等教育的发展放在整个社会发展中考察。当今社会,科学技术突飞猛进,综合国力竞争日趋激烈。为了迎接新时期的挑战,国家制定了"科教兴国"的战略,从而为高等教育的发展提供了良好的机遇。

人类社会的发展,至今经历了从原始社会向农业社会的第一次转变和从农业社会向工业社会的第二次转变。今天,人类社会正经历着从工业经济时代向知识经济时代的第三次转变。知识经济是以知识资源为第一生产要素的经济,是以高技术产业为支柱产业的经济,知识经济的基本要求和内在动力在于知识创新和技术创新。

目前,我国的科学技术水平还不高,发展很不平衡,科技进步对经济发展的贡献率只有30%。我国只有主动迎接知识经济的到来,实施正确的"科教兴国"的发展战略,才能迎头赶上发达国家,从而在国际竞争中争取主动。迎接知识经济、实施"科教兴国"的主要对策有两点:

一是建立国家知识创新和技术创新体系,尽量使我国的科学技术,特别是高科技和高新技术产业有较大的发展。

二是深化教育改革,积极培养具有创新能力的人才。这就使以创新知识和培养创新人才为己任的高等教育面临着新的挑战。

(二)高等教育管理目标确立的教育发展依据

实行高等教育管理,旨在为高等教育的改革和发展服务,最终实现高等教育目的。高等教育的发展离不开党的教育方针和政策的指导,高等教育管理应根据党的教育方针和政策目的要求来确定其目标。

1. 现代高等教育的改革和发展

要求人们必须注视和研究国际经济、科技的发展趋势,增强教育的开放意识,认真借鉴世界各国的有益经验,从而加快发展我国的高等教育事业。这要求高等教育管理目标的确立既要围绕国家和社会对高等教育发展的基本要求,又要体现在管理理论上的科学性、管理理念上的时代性、管理实践上的高效性、管理内容上的切实性、管理过程上的目的性。

2. 高等教育管理目标的确立

如果缺少管理科学的思维方式,就不能使其目标合情合理、切实可行,就难以达到实行目标管理的目的。

如果缺少时代特征,就不能使其目标符合高等教育改革与发展的要求,就有违高等教育管理的初衷。

如果不能使其操作简便、明了、易行,就不易被管理的主客体双方接受,就难以达到事半功倍的效果。

如果其内容要求不切实际,不考虑各地、各层次、各类型的具体情况,就难以真正为高等教育的改革与发展服务。

如果在实行其全过程的各阶段,要求不明确,就会形成操作中的盲目性,并且难以在实践中加以修正,就不可能达到最后目标的要求。

3. 以高等教育发展为依据

高等教育的改革和发展,旨在更快更好地实现高等教育的目的,这一目的集中反映在国家和社会对人才的需求上。只有以高等教育发展为依据,才能体现管理目标的确立为培养社会主义建设要求的人才服务。

(三)高等教育管理目标确立的工作目的物依据

高等教育管理对象包括人、财、物等多种类型,通常称之为管理工作的目的物。在人、财、物各类管理对象中,人是最为关键的,因为财和物的管理最终均是由人来实现的,从这层意义上来说,高等教育管理的对象主要是人。由于人的层次、素质和水平的差别,高等教育管理的具体目标有所不同。如果不依据高等教育管理对象的不同层次和具体情况,把目标定得过高或过低,都会影响高等教育管理工作的成效。

高等教育管理对象具有双重性,既是管理者,又是被管理者。较之于高层管理者而言,中层管理者则是被管理者,较之于中层管理者而言,基层管理者则是被管理者,而基层管理者又是具体事物的管理者。不可否认,在当前高等教育管理对象不同层次的人员中,其整体素质,无论从思想观念、文化水平,还是业务能力,与以前相比都有提高。但是,随着高等教育的不断发展,高等学校结构布局的调整和管理体制改革的深入,部分人的育人观念、时代观念、敬业观念、服务观念等适应不了形势发展的要求,心理承受能力不足,主人翁意识不强。

如果对上述情况不做深入的了解和具体的分析,那么就难以制定出切合实际的具体目标。另外,由于各地区发展的不平衡造成的高等教育发展的不平衡,显示出高等教育管理的差异性。如果在制定目标时不考虑不同地区管理水平及要求的差异性,对发达地区和不发达地区采取"一刀切"的笼统管理模式,那么,其目标就会造成空洞及操作过程的不切实际,从而使确立的目标流于形式。

四、高等教育管理的目标模式

高等教育管理的目标模式包括管理目标确立的理性模式、渐进模式和综合模式。

(一)管理目标确立的理性模式

理性模式主要的要求是切实,即目标的制定者根据完备的综合信息、客观的分析判断,针对许多备选的目标方案进行论证评估,排定优劣顺序,估计育人的成本效益,预测可能产生的影响,经比较之后选择最佳方案。这种模式是以理性的行为作为选择基准的。理性的行为是扩大目标成就的行为,是根据客观资料确立目标手段的行为。

理性模式的最终目的,是希望能够设计出一套程序,使管理者利用此程序,能够确立一个有最大"净价值成效"的合理目标。即希望能花最小的代价,获取最大的成果。而具有最大"净价值成效"的目标,就是一项理性的目标。"净价值成效"是指目标所要求的效果大于其付出的价值。在这个意义上,理性和效率意义相同。效率是价值输入和价值输出的比例。一个理性的目标就是效率最大的目标,目标所要求的价值与其在实行过程中所付出的价值之间的比值大于1。理性模式是人们在追求理性目标努力下创造的,是对理性目标制定过程中一种概括和抽象。

理性模式要求应满足的条件是:

(1)知道所有的教育要求及其相对的重要性。

(2)知道可能的多种目标方案。

(3)知道各种目标方案可能产生的结果。

(4)能估计目标方案所能实现的与不能实现的教育要求的比值。

(5)能选择最佳的目标方案。

在这个模式中的理性,是指人们不仅要能知晓、权衡整个教育要求的实现程度,而且还要有关于目标方案的详尽资料、正确预测各种目标方案后果的能力,以及能准确把握管理成本与育人要求的操作程序。

理性模式可以促进高等教育管理目标确立的合理性,使内容切实,要求适中,操作可行。然而,由于管理者的能力和掌握的知识有限,其目标的确立不可能完全满足理性化的要求,从而需要通过渐进的方式加以修正。

(二)管理目标确立的渐进模式

渐进模式的主要要求是调适(或修正),即运用"边际调适科学"的方法,以现行的目标为基础,通过时段的实践,再与其他方案相比较,然后决定哪些内容需加修改,以及应该增加哪些新的内容。

1. 渐进模式的内涵

(1)管理者不必企图建立与评估所有的目标方案,只需着重于那些与现行目标有渐进性差异者即可。

(2)管理者只需考虑有限的目标方案,而非所有备选方案。

(3)管理者对每个方案只需论证几个可能产生的重要结果。

(4)管理者面临的问题一直在被重新界定,注意要求—手段与手段—结果的调适,使其过程的问题较易处理。

(5)高等教育管理的问题尚缺乏最好的解决方案,需要在目标实行过程中发现问题和逐渐解决问题。

(6)渐进模式具有补救性质,适应解决现实的与具体的问题,对目标趋势进行修正。

(7)渐进模式在于边际的比较,根据边际效果进行抉择,并不全面考虑每一项计划或每一个方案,所确立目标的优劣情况取决于管理者态度一致的程度。

与理性模式相比较,渐进模式较接近实际的管理情况,模式的构架较为精致完美。就管理者的个性特征而言,渐进模式也比较可行。渐进模式受到对现行目标成效的满意程度、问题性质改变的程度、现有可选方法中新方法的数量等条件的限制。如果现行目标的成效不能令人满意,则渐进模式就无法适用,现行目标仍有成效,是采用渐进模式的基础;如果问题的性质发生变化,那么渐进模式也无法适用,现有方法中,新方法数量多,则使用渐进模式的可能性就减少了。

2. 渐进模式的应用

渐进模式的应用须具备下列条件:

(1)现有目标的成效,大体上能满足高等教育管理主客体双方的需要,从而使边际变迁在目标效果上能充分显示其新收获。

(2)管理者所面对的问题,在本质上必须是一致的,换言之,不同管理者对问题的看法基本是一致的。

(3)管理者有效处理问题的方法,须具有高度的共同性。

以上条件,对渐进模式的效度(应用价值)具有决定性的影响。在高等教育改革和发展的形势下,新问题层出不穷,其管理上的渐进改变已难以适应实际需要,渐进模式的缺点也就开始凸现。

(三)管理目标确立的综合模式

综合模式是为了发扬理性模式和渐进模式之长,避二者之短而构造的一种控制模式。这种模式的主要要求是追求最优化。

广义上讲,凡是将两种或两种以上的模式混合使用,有机结合的模式都可以称为综合模式。但是,在当代高等教育目标的确立过程中,几乎所有的综合模式都包含理性成分。因此,广义上的模式都是理性与其他模式的结合。鉴于综合模式的多样性,在这里仅列举规范最佳模式和综合模式两种。

1. 规范最佳模式

规范最佳模式吸收了理性模式的主要优点,此外,还把艺术的方法和规范科学的手段结合起来,如利用专家直觉、经验判断设计新的方案,进行各种可行性研究。在具体分析中,该模式还借用各种定性方法弥补诸多因素难以量化的不足。规范最佳模式主要有以下步骤:

(1)认清某些价值、目的和目标要求。

(2)探讨实现目的的目标方案,特别是创造新的方案。

(3)通过论证有限的备选方案的预期效果,并按优劣排序,获得事半功倍的发展方案或革新方案。

管理者依据渐进模式检查现行目标及其执行情况,然后再利用各种目标分析的方法,与新目标进行比较并预测新方案的可能后果及期望值。规范最佳模式还把调适目标确立的质量,调适目标确立系统本身,提高目标确立参与者的个人素质,建立必要的机制,进行必要的培训等认为是模式考虑的内容,将其包括到模式中来。

规范最佳模式首先基于对现行目标的检查和论证,从而吸收了渐进模式的优点,它又吸收了理性模式的操作性方法,这就保证了方案的相对最优化。规范性的含义在于有一套目标确立的程序,还表现在它有系统的思考,即把一般意义上的控制与目标确立系统的改进联系在一起,这样规范化模式就包含了渐进模式和理性模式中的合理成分,成为更富有实用价值的模式之一。

2. 综合模式

综合模式一方面应用理性模式,宏观审视一般的目标要素,分清主次,选取重点。另一方面,应用渐进模式探讨经过选择的重点,避免寻找所有可行的备选方案,也避免了对与目标无关的次要细节和次要方案的全面分析,不致耽于细枝末节,而忽视基本的目标要素。这就克服了理性模式和渐进模式的不足。

综合模式在选定方案的审视方面,注重使用理性模式创造新方案,克服渐进模式的保守倾向。同时对重点问题、规格要求及主要的备选方案,则注意用渐进模式方法考察,注意与已有的目标进行比较,以拟定优化切合实际的具体方案,克服理性方法的不现实性。

(1)与规范最佳模式一样,综合模式也提供了一个搜集、分析、利用有限资料的特定程序和资源分配的策略标准。

(2)与理性模式相比,综合模式缩减了考察范围,节约了大量的时间、精力和资源。

(3)与渐进模式相比,它借助理性模式客观的方法对各种主要备选方案进行精细的调适,从而提高了方案的可靠性,又给创新方案提供了机会。因此,综合模式更具体可行。

第二节 高等教育管理规律

研究高等教育管理,就必须认识和掌握高等教育管理的客观规律。由于高等教育管理是一门新学科,目前还没有科学准确地概括出它的基本规律,但有一些学者对此提出了富有启发性的见解,对高等教育管理规律做了初步探讨。

一、自然属性与社会属性相统一的规律

高等教育管理的自然属性,是指高等教育管理活动在本质上具有不因社会条件和时代背景而变化的稳定性;高等教育管理的社会属性,是指高等教育管理活动随社会形态的变化和历史发展过程中所形成的特殊个性而呈现不同特征的性质。

(一)高等教育管理的自然属性

高等教育管理的自然属性主要表现在以下3个方面。

1.高等教育管理的普遍性

即高等教育管理是普遍存在的,不论哪个国家,哪个历史时期,只要存在高等教育活动,就存在对培养高级专门人才的活动进行管理的必要。

2.高等教育管理的共同性

即高等教育管理在各个历史发展时期都具有明显的共同地方,这些共同点不因国家的政治、经济、文化等差异而有所变更,也不因历史时期的变化而消失。正因如此,中国传统高等教育管理中的优秀部分就被继承和发扬,欧洲中世纪大学的校、院制一直被现代大学所采用,还有其学位制也一直沿袭至今。

3.技术性

高等教育管理使用的技术和方法一般不受社会制度不同的影响,各国都可以相互借鉴、学习,使用先进的管理技术和手段,如计算机用于高等教育管理等。

(二)高等教育管理的社会属性

1.高等教育管理具有历史继承性

即在人类创造历史的过程中,由于社会及自然环境不同,形成的各种地域文化在高等教育管理活动中留下了深深的烙印。这些"印记"在高等教育管理思想和管理信条上表现为不能超越一定的社会文化形态以及人们的社会心理状态,具有"同源文化"的国家和地区,在高等教育管理思想和管理哲学上具有很大的相似性,而"非同源文化"中所产生的高等教育管理思想和管理哲学就存在明显的差异。

2.高等教育管理具有政治性

因为高等教育管理是与权力关系联系在一起的,高等教育的体制和有些制度、政策总是社会制度和政策的一部分,是为一定的政治服务的。高等教育管理必须也只能在一定的社会历史条件下和一定的社会关系中进行,生产关系的性质不同,生产劳动的组合要素、结合方式不同,管理的社会性质也不同。

高等教育体制、管理政策总是执行和巩固一定的生产关系,实现高等教育目的。比如,以人为本的管理思想正是这一特性的体现。

自然属性和社会属性是高等教育管理活动本身所具有的两种属性,两者处于矛盾统一体中。这两种属性统一于计划、组织、指挥、协调、控制等管理职能上,根本上统一于高等教育管理效益中。

二、封闭性与开放性相统一的规律

高等教育管理的封闭性,是指在高等教育管理过程中,根据高等教育管理的特殊矛盾而在高等教育系统内部自我运转和良性循环的性能;高等教育管理的开放性是指在高等教育管理过程中,根据高等教育管理的特殊矛盾而在高等教育系统与外界环境相互关系、互相作用中实现物质、能量、信息交换的性能。高等教育系统的"存在"与"发展","必然"和"偶然"的矛盾统一,是高等教育管理封闭性与开放性矛盾统一规律的两种典型的表现形态。高等教育的发展理论、权变理论和开放系统学说,都是以遵循这一规律为前提的。

(一)高等教育管理的封闭性

在高等教育系统内部,无论进行什么高等教育管理工作,首要的前提就是在相对独立、完整的高等教育系统内部,按照高等教育系统的特定目标而进行优化组合,即在高等教育系统的"投入—加工—产出"的过程中构成一个相对封闭的系统。没有封闭性,高等教育系统就没有相对稳定的环境,任何对高等教育系统的分析及高等教育管理活动过程都不可能存在。这种封闭性是一种客观存在,是为了更好地进行高等教育管理的必然要求。

完全封闭的高等教育系统是不存在的,因为完全封闭就意味着与环境不进行任何物质、能量、信息的交换,这样的高等教育系统必然逐渐消亡,所以,高等教育系统和高等教育管理的封闭性又具有相对性。

(二)高等教育管理的开放性

高等教育系统,一方面受外界环境的制约和影响,另一方面又对环境施加影响,两者之间存在着物质、能量、信息的交换,这决定了高等教育管理的开放性。这是实现高等教育系统整体特性功能目标的需要,是实现高等教育管理高效益的需要,也是高等教育系统存在和发展的物质基础和基本条件。

(三)高等教育管理的封闭性和开放性既相对立,又相统一

1.高等教育管理的封闭性和开放性是相对的

高等教育管理的封闭性的重点是强调高等教育管理系统目前的"存在",将人力、物力、财力放在目前"存在"上发展,失去了取得更大效益的机会。高等教育管理的开放性则强调高等教育管理系统的发展上,过分注意高等教育管理系统效益的最优化,忽视系统"存在",将导致高等教育管理系统的"存在"基础动摇。

2.高等教育管理的封闭性和开放性又是统一的

高等教育管理的封闭是相对的封闭,是包含开放的封闭,并在开放的封闭中实现自身的优化和发展,高等教育管理的开放是在一定存在基础上的开放,这种开放只有依存于相对独立的、完整的高等教育管理系统,才能和社会环境进行物质、能量和信息的交流,从而建立起新的更能适应社会发展需要的高等教育管理系统。

三、学术管理与行政管理相统一的规律

在高等教育管理中处处离不开行政管理,如制定高等教育的规划,对人、财、物等资源进行分配和调控,对计划的执行进行检查督促,协调高等教育系统中的各方面使其正常运转等。但在高等教育管理中,学术管理是很重要的方面,学术水平的高低、学术管理的成功与否,对高等教育管理的水平及其发展有重大影响。因此,在高等教育管理中必须坚持学术管理与行政管理的统一。学术管理与行政管理的不同点主要表现在以下3个方面。

(一)指导原则不同

学术管理中要坚持学术自由的原则,提倡百家争鸣,这是学术繁荣的基本条件。学术上的分歧要通过开展充分自由的讨论取得共识,不能由某个权威人物说了算,也不能采取少数服从多数,即所谓的学术民主方法。学术问题只能用学术标准评判,强调科学性,要用科学实验和论证、调查研究、同行专家评估的方法,而不能采用行政管理中行政决断的方法。行政管理中由于存在抓住机遇的问题,所以强调少数服从多数的原则,适时做出决断。但行政管理的重大决策,也要考虑其科学性、合理性,同时更强调要从实际出发,要考虑其可行性,

考虑它会产生什么影响和效果。

(二)采用方法不同

在学术管理中,要根据不同学科专业的特点采用不同的方法。由于学科、专业、任务的不同,所运用的方法也就不同。因此,学术管理不能采用统一的模式,应该是多样化的管理方式。管理文科和理科的方法不一样,管理专业课和基础课的方法也不相同。行政管理则强调统一,由于它强调从全局出发,发挥高等教育的整体功能,因此,往往用集中划一的方式,用政策法令、规章制度等统一和协调高等教育管理的各方面工作。

(三)管理程序不同

学术事务的管理是依靠教授专家实行民主管理。在西方大学中,学科发展方向的选择、学术规则的制定、学术梯队的配制,甚至包括教学研究人员的选聘等问题的决策管理,都由教授讨论会决定。我国实施"863 计划",为了少出失误,在决策中也参照西方经验,实行了"首席科学家制"。在我国很多高等学校,学术事务管理上的决策,也都吸收教授参与讨论。行政管理是贯彻执行上级指示和领导工作意图,是一种"科层式"管理,从上到下逐级指挥和布置,层层贯彻执行。

高等教育管理中学术管理与行政管理虽然有上述这些不同的特点,但只是相对的,学术管理与行政管理往往是交织在一起的,很难截然分开。特别是随着高等教育日趋大众化,高等学校规模的扩大和内部结构的日益复杂化,高等教育管理的难度也逐渐加大,这必将促进行政管理的强化。在高等教育管理中,要更加注意根据学术管理与行政管理的不同特点,采用不同的方法进行管理,并尽量协调好两者之间的关系,决不能用行政管理代替学术管理。

四、过程管理和目标管理相统一的规律

探索管理活动的过程是管理科学的核心问题之一。管理过程是为实现管理目标执行一系列管理职能的动态过程和环节。管理活动按一定的程序,行使其基本职能,形成有序的管理过程和环节,才能顺利地实现管理目标。如果对管理过程缺乏综合分析,就难以揭示各部分管理工作的内在联系。

(一)过程管理

高等教育管理过程可以归纳为计划、执行、检查、总结 4 个环节。

1."计划"是起始环节,统领整个管理过程

计划环节包括确定目标、制定若干方案、选择决策、拟定行动计划等。制订计划最主要的内容是确定管理目标。

2."执行"是使计划付诸实施

执行环节是管理者在管理过程中实施组织、指挥、协调、控制等一系列管理职能,其内容

包括建立机构,完善制度,组织人力、物力,指挥行动,协调关系,教育鼓励等。通过这些手段,协调人、财、物等各种要素的相互关系,使其效能充分显示出来,使计划得以实现,达到既定的目标。

3."检查"是对执行的监督和加强

因此检查环节和执行环节是结合在一起的,不是截然分阶段的。检查环节主要是实施管理的控制职能,其重要内容是建立反馈渠道和机构,及时提供反馈信息,以保证计划所规定的目标的实现。检查还能检验计划的正确程度,必要时采取追踪决策,调整计划,修改或补充执行措施。

4."总结"是终结环节

是对计划、执行、检查这3个环节的总检验,是用计划目标作为尺度对管理的全过程进行总评价,也是为制订新的计划提供依据,起着承前启后的作用。

由此可见,管理目标统帅、指导着管理全过程,管理过程的各个环节都是为实现管理目标服务的。高等教育管理者在管理过程中,一定要保持清醒的头脑,时刻不忘管理目标,一切为实现管理目标而奋斗,如果成天忙于事务,把手段当成目标,那就会迷失方向。

(二)目标管理

目标管理是运用目标指导管理过程的一种管理方法。其内容包括:由管理者和被管理者根据组织的任务共同确定管理目标,包括把总目标分解为部门目标和各成员的个人目标。动员各部门和全体成员自觉地为实现各自的目标而努力工作。用管理目标检查工作的进度和评估工作的成效,根据成果实施奖惩。

高等教育管理过程还有难以控制的特点,原因有以下几点。

1.学校教育工作的周期性长

管理效能具有滞后性,它的社会效益要在若干年以后才能显示出来。

2.教师工作决定了其工作方式大多是个体劳动

具有很大的独立性,不像工厂生产物质产品那样按工序进行严格的分工。

3.高等学校的"产品"(学生)很难定型化、标准化

培养学生的质量不易检验,而且学生还有很大的可塑性,学生的性格、思想、智能也各有差别,在管理过程中要注意因材施教,这也增加了控制的难度。

因此,高等教育管理要把过程管理和目标管理结合起来。

五、管理与服务相统一的规律

一般来讲,管理具有两方面的职能,一是协调和控制生产关系的职能,二是组织生产的职能。在管理实践中,这两方面的职能就是指管理与服务。两者虽有区别,但又密切联系,

相互促进,是辩证统一的。服务工作做得好,有利于加强管理,而科学有效的管理本身就是很好的服务。

在高等教育管理中,必须注意根据高等教育的特点,处理好管理和服务的关系。要正确处理好高等教育管理中管理和服务的关系,关键是正确对待教育工作者,特别是高等学校中的教师。高校教师既是主要的管理对象,又是主要的服务对象。在高校中必须充分理解和尊重教师,因为办好高校,搞好教育管理,主要依靠教师。要尊重他们的人格和个性,理解他们具有个体的劳动方式、喜欢独立思考、遇事求真的思维习惯等特点,对他们的业务成绩要合理评价、充分肯定。

在高等教育管理中,在处理管理和服务的关系时,还必须把对上级领导机关负责和对群众负责统一起来。高等教育管理事业的发展,必须依靠广大师生,只向上级负责,看不到群众,必然不会从实际出发解决问题,必然会挫伤教师的积极性,从而不利于高等教育管理工作的开展。

第三节 高等教育管理原则

一、高等教育管理原则确立的依据

原则是人们对客观规律的认识和反映,是指导人们观察和处理问题的准则。由于规律具有不以人的意志为转移的客观性,因此,作为客观规律反映的原则也应该具有一定的客观性。任何管理活动,总是自觉或不自觉地遵循着某种原则,这就是管理原则。为了使管理活动有效,管理原则必须符合客观规律,并且不断地随着社会的变化而发展。

高等教育管理原则是从事高等教育管理时应遵循的活动准则和基本要求。它是从高等教育管理的实践活动中总结提炼出来的,反映了高等教育管理活动的特殊性规律和特点。确立高等教育管理原则,既要借鉴现代管理的一般理论,又要充分考虑高等教育管理的特殊背景;既要追求理论上的相对完备性,又要强调对实际工作的指导意义。尤其要分析各原则是否涵盖,以及在多大程度上涵盖整个高等教育管理领域,从而给高等教育管理原则以科学、客观、合乎逻辑的定位。因此从以下几个方面分析高等教育管理原则确立的依据。

(一)既要遵循一般管理活动的客观规律,又要遵循高等教育的客观规律

管理存在自身的规律,管理活动必须遵循这些规律。一般管理活动的规律就是管理各基本要素之间内在的本质的联系和管理过程的逻辑关系。现代行政管理学的理论和方法就是对行政管理活动一般规律的认识和反映。

行政管理思想经历了工业管理、人际关系、结构主义等发展阶段。教育管理在不同场

合、不同程度上借鉴了行政管理思想。例如,人际关系理论注意到员工的积极参与、满意、合作以及士气与团体的凝聚力,有可能使生产效率得到提高。这种思想也影响到教育行政管理人员寻找方法提高教师和学生的积极性和主动性,以期最大限度地发挥他们的创造力。

虽然一般的管理理论与方法对高等教育管理原则的确立有一定的借鉴意义,但管理活动不能脱离事物本身的发展规律,高等教育管理必须遵循高等教育的客观规律,高等教育管理按照高等教育规律的要求,调节和协调高等教育活动中的各种关系,以保证高等教育目标和任务的实现。因此,认识和掌握高等教育的客观规律,是确立高等教育管理原则的客观依据。

高等教育的一般基本规律包括两个方面:一是高等教育与社会协调发展的规律,二是高等教育与受教育者身心全面发展相适应的规律。高等教育管理原则必须以这两个规律为前提,才能避免高等教育管理与高等教育工作者之间的对立和冲突,从而最终提高管理效益。与一般的管理活动相比,高等教育活动存在一些特殊规律,它们构成了这门学科专门的研究领域。

例如,经济效益与社会效益的关系、人才培养与科学研究的关系、学术管理与行政管理的关系等。高等教育管理原则的制定与人们对这些特殊规律的认同密切相关。如果把外国管理著作中的理论套用到我国高等教育管理实践中,或者是生搬硬套经济领域的管理理论和原则,就会脱离高等教育的特点和规律,不可能提出正确的高等教育管理的基本原则。

(二)高等教育管理活动的特殊性

作为管理对象核心的人,高等学校与工厂不同。工厂管理者面对的是工人,工人生产的是没有意识的物品;高等教育管理者面对的是教师和学生。教师既是管理对象又是管理者,他们面对的是有意识的学生。学生既是被教师塑造的"产品",又参与自身塑造,从这个意义上说,学生也是管理者。因此,高等教育管理中要充分调动教师和学生的积极性和主动性,并为他们创造有利于独立思考、自由发挥的条件和环境。

同时,由于教师和学生都是脑力劳动者,高等教育管理过程以知识为中介,有大量的学术问题,因此要注意行政管理与学术管理的统一。这也是高等教育管理的特殊性。

(三)高等教育管理原则的系统性

教育管理原则不应是随机的、零散的,而应构成一个系统,具有整体性、目的性和关联性。

高等教育管理原则体系的整体性在于,各原则围绕怎样提高高等教育管理效率这一目标结合为一体,没有一条原则能脱离原则体系整体而存在。只有存在于原则体系中,每一条原则才有它的功能。而且,原则体系的功能是以整体功能而论,而不以某一条原则的功能而论,原则体系的整体功能不等同于各条原则功能的简单相加。各条原则只有在原则体系整体功能目标即提高高等教育管理效率的指导下,以合理的方式相互联系在一起并充分发挥各自功能,才能保证原则体系整体功能的实现。

高等教育管理原则是从事高等教育管理时应遵循的行为准则和基本要求。高等教育管理原则体系的目的性在于,利用原则指导具体的高等教育管理实践活动,使管理活动更符合客观规律,从而提高高等教育管理效率。

高等教育管理原则体系的关联性是指涉及高等教育管理过程的各条原则应该相互依存、相互补充、相互制约。

第八章　高校"以生为本"教育管理实践的策略研究

第一节　"以生为本"教育管理理念的理论基础

一、"以生为本"教育管理理念的时代内涵与价值特征

(一)"以生为本"教育管理理念的时代内涵

"以生为本"作为新形势下高校素质教育的前沿教育内核,是对"以人为本"的继承和在教育管理工作方面的深化发展,更是高等教育从传统的"唯分论"和"填鸭式"的知识性教育向"全方位""全过程""全员"育人的发展性教育的转变。"以生为本"教育管理理念的时代内涵解读如下。

1. 从教育观上的解读:主体回归学生

"以生为本"的教育观是以维护和保障学生在教育管理实践活动中的主体地位为基础,以促进学生全面发展为目的的教育管理思想。对"以生为本"从教育观方面进行解读可从词源意上入手,剖析"以生为本"的真正教育内涵。第一,关于"以生为本"的"生"字的解读。当前,"以生为本"的"生"字被解读为学生、生命、生长等,但其落脚载体即为学生,最终目的都是为了彰显学生主体地位,发挥学生主体作用,促进学生全面发展。第二,关于"以生为本"的"本"字解读。"本"是一个名词,被解读为根本和本体两种含义,两者具有本质区别。首先,"根本"作为名词可解释为"事物的根源或最重要的部分"[①],那么以学生为本即将学生作为学校教育管理实践中最重要的部分。

2. 从价值观上的解读:一切为了学生

第一,"以生为本"重视学生的本体价值。"以生为本"把学生看作学校生存和发展的根本。认为"以生为本"的理念就是"要把'一切为了学生,为了学生的一切,为了一切学生'作为推动学校各项工作改革的动力之本"[②]。董泽芳、彭湘韧等学者认为"以生为本"理念的"本"之意蕴即为"根本",他们认为学生是教育存在和发展的根本,学校的一切工作都围绕学生而展开。正是因为有了学生求知的现实需求,才衍生了教育并发展成学校集中式的教育。

---

① 中国社会科学院语言研究所词典编辑室.现代汉语词典[M].北京:商务印书馆,2013:443.
② 董泽芳."以生为本"是大学办学的第一理念[J].中国高等教育,2002(12):31.

而一旦否定了学生这一因素,那么也就无所谓学校教育了。综上所述,学生在教育管理工作中处于根本性的地位,只有坚持从学生的具体现实需求作为一切工作的方向,才能更好地发展教育事业。

第二,"以生为本"肯定学生的个体价值。学校办学必须"实现学生培养的生本化和个性化"。① "本体"指的即学生本体。学生是现实、客观、具体存在的,是具有自我意识和思想的生命个体,是独立于教师的头脑之外,不依教师的意志为转移的客观存在。但是学校教育管理的服务对象又是一个个独立存在的人,不能脱离学生的个体而空谈教育。因此,在学校的教育管理工作中必须充分地重视学生的地位,在大学生的教育管理工作中充分地挖掘学生的潜能,提供相应地发展平台,引导和鼓励学生发挥主观能动性,促进学生个性发展,从内生动力和外因驱动双管齐下助力学生发展。

第三,"以生为本"尊重教育管理者的劳动价值。"师者,所以传道受业解惑也。"在以全面提高人才培养能力为高校办学核心点的背景下,于2018年9月10日召开的全国教育大会中明确了教师的定位和时代任务,将教师定位为人类灵魂的工程师和人类文明的传承者。其时代重任为"三传三塑"即"传播知识、传播思想、传播真理,塑造灵魂、塑造生命、塑造新人",并首次将教育定位为"国之大计、党之大计"。教育管理者作为生本教育管理的践行者,就必须尊重教育管理者的劳动及其劳动成果,以学生为本也并非是否定教育管理者的价值而片面地搞"一刀切"。

3.从伦理观上的解读:高度尊重学生

在"以生为本"教育管理实践中,教育管理者必须高度尊重学生,这是生本教育管理的本质和基本原则。郭思乐教授曾指出"从内部了解学生,是使我们认识学生可以被尊重的理由;从外部认识学生,是了解学生所处的地位,认识学生必须尊重的原理"。② 为此,对学生的尊重应从内部和外部两方面进行探索和认知。

第一,内部顺应学生的学习天性。首先,学习是人类自身发展的需要。学习是"一种生物学特性","是人类50万年的进化发展中产生和发展着的特性,是大自然用基因和DNA保留在我们细胞中的信息"。③ 人类社会的认识源于社会生活中的实践,正如郭思乐教授认为的"基础知识的外延就是生活的外延"。④ 其次,人类发展所面临的不确定性促进了人类学习的必要性。在自然世界的运行中,所有事物都受到相应条件的限制,具有其自身的规定性。但是人能够顺应规律,并在社会实践活动中认识规律并运用规律,让自身跳出自然景观中一个景物的单一桎梏,蜕变为"自然景观的塑造者",正如郭思乐教授曾认为的"这种未确定性,

---

① 戴聚坤.高校学生管理工作研究:"以生为本"的视角[D].南昌:江西师范大学,2007:12.
② 郭思乐.教育走向生本[M].北京:人民教育出版社,2001:37.
③ 郭思乐.教育走向生本[M].北京:人民教育出版社,2001:38.
④ 郭思乐.教育走向生本[M].北京:人民教育出版社,2001:39.

表明了人类的学习、思维和创造是先天的规定性"。① 最后,主体的主动促进效率的提高。教育管理者知识性灌输所导致的"减法"思维与阻碍学生主动探索的割裂思维都不能让学生的学习天性进行保持,唯有以促进学生进行知识性领悟"乘法"思维和不"打岔"学生探索的整体思维进行引导才能更好地促进学生发展。因此,我们应该尊重学生,让学生能够以顺应自然规律的方式促进自身的全面发展。

第二,外部适应学生的独立性。学生的独立性表现在生命和精神两个维度上,除了物质生命的独立性之外,人的独立性更表现在精神生命的独立性。人的精神发展具有二重性,一方面是作为自然个体与生俱来的发展趋向。正如有的人天生就具有音乐天赋,具有与生俱来的好歌喉,也有人天生对色彩敏感,致力于绘画等方面的钻研。学生作为自然个体,有其自身的独立天性。另一方面是作为社会人适应社会的发展动机。在社会化进程中,学生的发展不可避免地受着外界的影响,具体表现为行为的不得已和动机的社会化。在学生的发展过程中,总是在被不断"指正",总是在被试图改善。教育管理者甚至是父母更多的是关注到学生或孩子的缺点、不足,很少能够强调和关注到孩子本身的聪明才智。导致学生在重重"指正"下不得不放弃自己的想法,抹杀自身的"独特的内部自然",正如郭思乐教授提出的"独特性,不仅是教育教学的民主的必须,从更深层来说,也是他们认知事物和保持敏锐的需要"。② 当然,社会的人从儿童开始本身所具有的竞争心和功利心随着时间的推移和社会对其自身的影响也会慢慢成为学生的外部动机。因此,充分发挥学生的天性,少给予一些一般化地"指教",多一些适应学生个性化的引导,尊重学生的独立性,也就是最大限度地为学生发展的可能性搭建更为广阔的舞台。

4.从行为观上的解读:强调依靠学生

"以生为本"在教育管理实践中注重依靠学生可从"资源论"和"生态论"两个维度进行分析阐述。

第一,资源论:学生不仅是教育管理对象也是一种教育管理资源。在教育管理实践活动中,学生不仅仅是受体,更是重要予体。学生一方面作为"生产自己知识的劳动力"③发展着自己。另一方面他也在教育管理实践中运用自己的经验、知识和智慧促进着教育管理者的成长,推动着教育管理活动地展开。"好风凭借力,送我上青云。"我国高校教育管理改革到了攻坚克难的关键时期,在"加快一流大学和一流学科建设,实现高等教育内涵式发展"的背景下,更要"借力"学生这一浩然东风,助力高校教育管理改革蓄势腾飞。

第二,生态论:建设助力学生全面发展的新教育管理生态。教育管理生态是"一种学生

---

① 郭思乐.教育走向生本[M].北京:人民教育出版社,2001:39.
② 郭思乐.教育走向生本[M].北京:人民教育出版社,2001:53.
③ 郭思乐.教育走向生本[M].北京:人民教育出版社,2001:60~61.

发展的条件系统或环境系统"。① 在大学生教育管理实践中,着力营造与学生内部动力相一致的教育生态环境,将情感和认知相统一,实现学生自我发展的和谐。在"以生为本"的教育管理实践中,高校教育管理者作为外因,唯有营造良好的教育管理生态,强调依靠学生自身的力量,注重激发学生的主体作用,才能够更好地促进学生的全面发展。

综上所述,"以生为本"中的"本"包含"根本"和"本体"两个方面,"以生为本"也并非否定教育管理者的价值。高校作为促进学生个性发展、培养学生创新精神和实践能力的改革前沿阵地更是肩负着模范带头的重任。须将学生视为教育管理工作的主体,以学生发展为根本,挖掘学生的潜能。应该坚持主体回归学生的教育观,一切为了学生的价值观,高度尊重学生的伦理观和注重依靠学生的行为观。

（二）"以生为本"教育管理理念的价值特征

"以生为本"在不同的时代、不同的主体下都具有不同的内涵,其时代内涵和现实意蕴都在逐步丰富和发展。由此,"以生为本"在发展过程中具有本体终端性和对象特指性、践行校本性三个方面的特征。

第一,本体终端性。郭思乐教授认为"以生为本"的一大特征就是"真正认识和把握学生这个本体,把一切为了学生作为教育价值原则"。② 学生在学校的教育管理活动中处于终端位置并占据着主体地位。教育在不断改革中出现了"知识本体、能力本体、教师本体"等"类本体",即离开所指事物对象本源和本质的非本体却又易与本体混淆的称为类本体。③ 而作为教育管理工作的设计是为学生的学而设计,非为教师自身的教而设计,学校教育的本质要求和最终追求也都是为了学生的发展,并非为教而教。"以生为本"是治国方针在学校育人的落实延伸。

第二,对象特指性。在大学生的教育管理工作中,教育管理者所面临的对象有着其特殊性。不同时代的大学生都有其自身的特点,当前的大学生的特殊性表现如下:首先,自我意识显著增强。随着年龄的增长和知识水平的提高,大学生的自我意识与其文化素养成正比增长。他们专注于独立思考和自我评价,所以在大学生教育管理中不仅仅要认识到该群体的整体特征,还应注重其个体的差异性。其次,特殊发展需求与特殊行为并存。当前大学生普遍存在着自律性与他律性并存、沉稳性与突发性并存、目的性与随意性并存、独立性与依赖性并存的特点,但是大学教育作为步入社会的职前教育就必须在多学科和专业的前提下,根据学校自身的人才培养目标来对该教育管理理念进行具体运用。

第三,践行校本性。"以生为本"并不是永不改变的理论,它是在尊重学生个体差异的前

---

① 郭思乐.教育走向生本[M].北京:人民教育出版社,2001:67.
② 郭思乐.教育走向生本[M].北京:人民教育出版社,2001:35.
③ 郭思乐.教育走向生本[M].北京:人民教育出版社,2001:35.

提下根据学校教育管理的目标和专业特色而具有本土化、校本化、特色化的实践模式。要求在大学生教育管理中,教育管理者根据学生的具体性,怀揣着多样化的观点,在多样的思维中引起学生的积极讨论与自觉探索。任何理论都需要在经过本地特色吸收融合后方能展现其功能,生本理论也是如此。"以生为本"是需要最大限度地让学生拥有自主的教育管理方式。在大学生教育管理中,只有将生本理念结合学校的办学特色才能更好地为学生提供发展条件,促进学生的发展。

二、"以生为本"教育管理理念的教育管理诉求

"以生为本"理念在大学生教育管理中广泛推进,旨在促进人的全面发展、强化以育人为中心的价值定位来促进学生的全面发展。

(一)强化大学生自主教育管理模式

在大学生自主教育管理中,应该从以下几个方面入手:首先,加强大学生对自身的教育管理。当前我国普通高等学校学生的年龄一般在18~22周岁左右,有了一定自我认知能力,作为一个独立的个体,需要加强自身的教育,管理自身的行为。其次,以班级为单位,加强大学生班级内部的教育管理。班级管理中,要注重班级的思想、组织、制度和文化四个方面的建设。"现代班级建设是教育管理微观层面最主要的部分"[①],要想强化大学生的自主管理,就必须坚持设定目标是前提,培养干部是关键,制度建设是保障,文化建设是主线的教育管理策略。细化工作目标,激励学生干部管理服务,强化制度引导和规范作用,以文化建设促进价值观建设以凝聚人心,让文化建设成为每位学生的事情,从而实现自我管理。部分大学生在进入大学后由于缺乏自我教育管理,在学习、生活等方面有所懈怠。因此,学校应联合辅导员、任课教师、班委等对在学业懈怠、作风不良等方面的学生建立预警制度,加强其自我监督、自我发展的能力,并通过帮扶的方式,让学生找准奋斗的目标,在大学生的教育管理中也应该坚持教育、管理和服务的教育管理模式,以求更好地促进学生的自我发展。

(二)加强大学生课堂中的教育管理

"课堂管理是教育管理的核心内容,班级是学校教育工作的基本单位和学生学习生活的基本组织"[②]。因此,在高校课堂中加强教育管理应该科学确立教育管理目标,以小组探究等方式加强师生之间的交流,激发大学生的自我管理、自我服务、自我教育和自我超越。具体表现如下:第一,坚持目标导向性原则。以科学的教学目标实现课堂的导向性,让课堂管理者能够沿着预定方向推进,让学生能够以教学目标为导向进行相关知识的预习,更好地完成课堂教育管理的任务。第二,坚持主体多元性原则。在课堂管理中确立全员参与,主体多元

---

① 李森,陈晓端.现代教育学基础[M].上海:华东师范大学出版社,2009:253.
② 李森,陈晓端.现代教育学基础[M].上海:华东师范大学出版社,2009:233.

的理念。不能仅仅只是把课堂教学的老师看作管理者,要让学生充分认识到自己才是管理和学习的主体,独立思考,勇于尝试,经常反思;在课堂的教育管理中,作为课堂教育管理者的教师应该充分地运用学生自主探究式、合作讨论式的教育管理方式,让学生能够充分地发挥主观能动性,助力学生自我管理、自我服务、自我教育和自我超越。

(三)深化高校相关行政部门的教育管理

在大学生教育管理中深化大学生的实践培育,主要包括日常学生实践活动培育与单位实习培育两方面。高校相关教育管理行政部门应该从以下几个方面深化大学生的教育管理工作改革,加强大学生实践培育,促进学生的全面发展。第一,在日常学生实践活动培育上,团委应该以学生会为抓手,加强大学生日常行为的引导与督促,积极开展有思想、学生感兴趣的教育实践管理活动。第二,教务处与培养院系等相关职能部门应该加强对学生的课程体系与培养方案的合理规划,以理论教育结合实践教育的方式深化大学生的教育管理改革。第三,学生处应该紧密联合培养院系,以辅导员为抓手,加强大学生思想政治教育上的引领和日常教育管理的落实,不断地促进大学生的教育管理改革。

"以生为本"理念在大学生教育管理中主要包含促进大学生的全面发展和强化以立德树人为中心的价值定位两方面。第一,促进学生的全面发展。教育是为了促进每个个体全面和谐发展的方式,它作为一种促进人发展的途径,不能片面地将教育的人才培养等同于专业和职业人的生产。在"以生为本"的教育管理诉求中,其最终的目标即培养德才兼备、全面发展的社会人。第二,强化立德树人的价值定位。《中国教育现代2035》提出要"以德为先"促进学生"全面发展"。高校作为人才培养的基地,应有所侧重,有所取舍。但是为国家和社会培养德才兼备的人才是高校人才培养的始终导向。第三,教育管理应该以教育和服务为主。杨江水等学者也认为在大学生的日常教育管理中应该"坚持教育与管理相结合,以教育为主。管理与服务相结合,以服务为主"。[①] 在大学生的教育管理中应该从学生自身、课堂管理者和教育行政部门三个方面为出发点,加强大学生教育管理改革,促进学生全面发展。

第二节 "以生为本"教育管理实践的提升路径

一、厘清"以生为本"教育管理理念的认识误区

当前,"以生为本"理念在大学生教育管理中的应用还存在着很多认识上的误区。譬如在运用过程中偏离了人才培养本源的定位取向、迷失原则底线的学生管理举措、违背责任的教育教学行为等都是对"以生为本"理念在高校教育管理实践中运用的误解。因此,高校在

---

① 杨江水.高校辅导员工作专业化探索[M].北京:光明日报出版社,2008:132.

进行人才培养时,必须厘清"以生为本"教育管理理念的认识误区,突出学生的发展,强化育人为本的价值定位,做好服务与管理的协调推进。

(一)坚持以生为本,重视学生发展

当前我国教育正在大力改革,而教育改革取得成功的重要途径就是坚持发展能满足社会需要、适应时代发展需要的教育。很显然,传统的以教育管理者为主体,完全不重视学生主体能动性的教育管理理念阻碍了大学生教育管理工作的改革。而当前一些过分夸大"以生为本"的理念也不利于学生的发展,应当警惕。

第一,教育管理者应该引导学生树立自主教育管理的意识。大学生作为一个成年人,需要有成年人的意识和担当。在大学生教育管理中,仅仅靠教育管理者的引导和制度的约束是远远不够的。学校通过讲座、周末集中等方式引导学生树立正确的生本意识。首先,教育管理者注重学生尊敬师长意识的引导。在学校接受教师知识的传授,接受管理者的管理是作为学生在校期间应尽的义务。学生不应该把自己定位为"消费者",将一切看得是理所当然,过于放纵自己的行为。其次,教育管理者应注重大学生对自身负责意识的引导。在生活、学习等方面遇到自身无法解决的问题时,应该主动与相应的教育管理者取得联系以获得帮助。学生只有从自身这一终端上保持与相应教育管理者的联系,树立了正确主动的意识,才能更好地让教育管理者服好务、把好关。

第二,作为课堂教育管理者的教师需加强对学生行为的引导。"以学生为本"并不是否定教师的价值,而放纵学生的行为。当前高校学生管理中,部分教育管理者对"生本"的认识存在偏差,过分地夸大了学生的主体作用。因此,教育管理者应该有立德树人的正确生本意识,不能放纵学生。

第三,学校教育管理行政部门工作人员应该尊重学生的主体地位。首先,树立精准服务意识。高校教育工作者应该了解学生的现实需求,从教育、管理、服务三个维度中搭建平台,推动大学生自主教育管理,充分发挥学生的主体性。其次,树立精准施策意识。相关教育管理者应该了解当前大学生的心理、行为等特征,对学生要加强引导,注重学生发展。学生的成长是内在因素和外部引力共同作用的结果。高校教育管理者需要不断创造条件,激发学生的主观能动性,促进学生自我完善,自我发展。

(二)坚持服务与管理协调推进

服务决定管理,管理推动服务发展。管理与服务是辩证统一的关系,不能割裂二者之间的联系。在大学生的教育管理活动中,为学生提供服务并非是将原来"师本教育"中师生之间的地位进行颠倒,而是改变原来"服从与命令"的对立关系转而向平等、尊重的友好关系转变。教育管理者应该明确自己的定位,既要抛弃传统教育中独裁者的身份,又要走出当前过分夸大学生作用而忽视教育管理者价值的阴影。教育管理者应该以身作则,变成学生发展的领导者、指引者和督促者。

在服务和管理中也要注重班级整体与学生之间的关系,着眼于班级整体规划,着力于个人成长发展,推动班级整体和学生个人共同发展。整体和部分二者之间是不可分割的,二者相互影响。部分在一定程度上也限制、制约着整体的发展水平,甚至关键的部分还会对整体的发展起决定性作用。在班集体管理中,如果学生(部分)形成非常合理的整体结构时,整体的功能将会以最优的效能影响着每个个体。所以整体和部分的辩证关系要求我们要着眼于整体,着力于局部。要学会优化结构搞好局部,使整体功能得到最大发挥。首先,着眼于班上每个同学的发展。班级的整体建设应该落实到每个学生肩上,面向全体学生,而且要注重学生的差异化发展。其次,注重学生干部的培养。在班级有效管理中,培养团结互助、综合素质高的学生干部是建立教育管理者与学生桥梁的有效手段。从马克思主义哲学整体和部分的辩证关系看,"关键部分有时候会决定事物的发展"①,不能忽视。而学生干部在大学生教育管理中就是起着关键作用的重要组成部分。

二、优化人才培养模式,促进"师生"互动交流

在优化大学生人才培养模式,促进教育管理者与学生之间互动交流的前提下,应该坚持"以生为本"的教育管理理念。大学生的教育管理工作必须创新服务方式,优化人才培养模式,提高教育实效性。坚持以信息通畅为基础,以完善人才培养方案为保障,以学生自主管理为主线,以学校和社会联合培养为抓手,形成系统的人才培养模式,才能够更好地完成对大学生的教育管理工作。

(一)优化人才培养方案,强化联合培育

教育管理的发展和改革不能仅仅依靠学校这一单个主体,还需要整合社会资源,形成合力,塑造出轻松愉悦的学习环境和氛围。根据国务院 2019 年制定的《国家职业教育改革实施方案》,可以借鉴校企"双元"模式,共同制定人才培养方案,以助力学生成长。学校的人才培养方案主线应该从单一的学科本位主线转变为融学科知识、能力培养与素质提升为一体的培养方案,如图 8-1 所示。

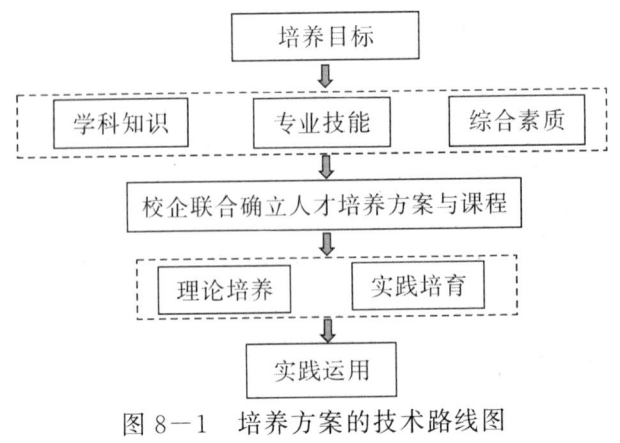

图 8-1 培养方案的技术路线图

---

① 姜新.教育哲思明师之路[M].杭州:浙江大学出版社,2014:55.

人才培养方案是一所高校培养人才的纲领性文件,需要具有专业特色性、时代适应性等特点。在大学生教育管理的人才培养方案的优化中,首先应该根据专业的特点以人才培养目标为导向,通过学科知识、专业技能和综合素质三个方面进行培养。其次,大学生教育管理并不是为了教而教,为了管而管,需要结合用人单位的要求,从实际出发进行针对性培养。因此,大学生人才培养方案与课程体系需要校企联合,在立足时代特征和专业特色的前提下进行制定。最后,学校教育管理是大学生培养的主要途径,需要从理论上进行全方位的指导,让大学生学好理论并指导实践。用人单位作为大学生培养体系的重要组成部分,要当好大学生实践培育的重要角色,担负起相应的社会责任。在相关实践培育中,企业应有针对性地培育自己所需人才的相关技能,从而为自己注入新鲜的血液。

综上所述,当前大学生教育管理需要改变纯粹的学校单向管理模式,也要改变千篇一律的理论传授,更要改变"主观式"培养。要从多方收集适合当前专业学生培育的信息,有针对性地优化培养方案,优化人才培养课程体系。

(二)完善学生自主教育管理支持体系

苏霍姆林斯基曾提出真正的教育必须激发学生自主教育。[①]"以生为本,发展学生;深耕精培,成就学生"理念下的大学生教育管理工作应完善学生自主管理支持体系。高校大学生自主教育管理主要分为学生个体自主教育管理、学生群体自主教育管理与参与性自主教育管理三个方面。

1.学生个体自主教育管理

学生个体自主教育管理即学生作为教育管理者和被教育管理对象的双重身份。作为成年人的大学生首先要明确法律、校规校纪的红线不能触碰;其次,应该以"慎独"的思想严格要求自己,培养自己的道德情操。在进行自我教育管理中要处理好以下几个关系:第一,自由与纪律之间的关系。自由并不是绝对的放纵,是需要在一定的制度、纪律约束下的相对自由。第二,自身与他人的关系。马克思认为人是社会的人。在进行自我教育管理时要处理好自身与他人之间的关系,应团结同学,换位思考,顾及他人感受。第三、个人与集体的关系。要明确自身是集体中的一份子,不仅仅要树立主人翁意识,主动参与集体活动,而且要以大局为重。因此,作为教育管理者的辅导员首先需要对《学生手册》等纪律制度性文件予以解读、普及,让大学生能够明晰定性自己的行为。其次,从古代经典的"慎独"等思想着手,加强文化氛围的塑造,以标语张贴、班级网络建设等方式,提升学生的思想素质。

2.学生群体自主教育管理

学生群体自主教育管理分为正式和非正式两种。正式群体自主教育管理的主体主要为学生会干部、班团干部、党员干部。非正式群体自主教育管理主要为班级成员文化导向和舆

---

① 苏霍姆林斯基.少年的教育和自我教育[M].北京:人民教育出版社,1984:100.

论牵引。

(1)加强学生正式群体自主教育管理

实践是认识的最终归宿,大学又是人才的培养基地和汇聚地。在高校学生的自主管理工作中仅仅培养学生的参与意识还无法达到学生自主管理的目的,学生教育管理者需要有意识、有针对性地培养学生的参与能力。首先,让大学生能够清楚地了解自己所享有的权利与维权途径,也要明白自身应该承担的责任、履行的义务及违反相应规定的后果,在大学生的心中拉起一根"高压警戒线"。其次,在实践中不断提高学生自身的参与能力。在大学生班级管理中,辅导员是主要实施者与责任人,扮演着不可替代的角色,而大学生的日常管理工作,还应该包括学生的自我管理,尤其是要发挥学生干部的重要作用,其管理结构示意图如8-2所示:

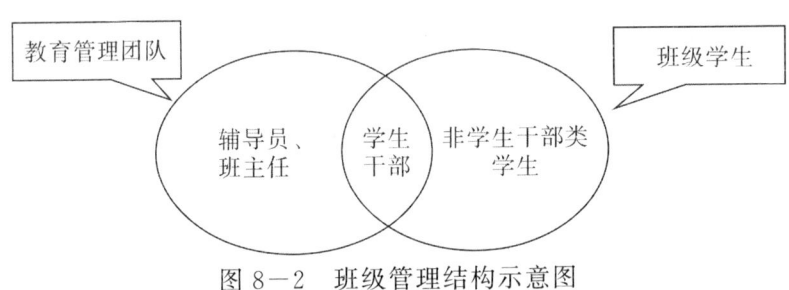

图 8-2 班级管理结构示意图

应该立足于班级的整体发展,设定班级建设目标,以相应的班级建设目标制订具有可操作性的计划,在完善学生自主管理支持体系时,教育管理者应该注意以下几个环节:第一,明确学生自主管理的目标——前提。教师要根据班级学生的情况设立总体目标和具体活动目标,通过清晰的目标定位,让班级学生的管理工作更加具有目标性和可行性。第二,培养学生干部——关键。由班级管理结构示意图可以看出,在大学生管理队伍中包含两个部分:其一是以辅导员、班主任等教师为代表的学生管理教师队伍;其二是由学生干部组成的学生自我管理、自我服务的学生管理队伍,二者合称为大学生管理团队。第三,制定自主管理的制度——保障。学生自己制定规章制度,制定的过程要充分考虑全班同学的整体意志,注重班级文化和班风建设。

(2)重视非正式群体自主教育管理建设

相对非正式群体自主教育管理,正式群体自主教育管理具有滞后性。因此,应该加强非正式群体之间的文化氛围塑造。以一种正确的价值观指引相应氛围的塑造、丰富,扩大其影响力。以其正面力量,弱化甚至是消解相应的负面影响,助力大学生自主教育管理的推进。

3.学生参与性自主教育管理

参与性自主教育管理主要是指学生在相关部门教育管理者的领导下适度地参与学校的管理。一方面推动学校的服务完善,保障学生的利益。另一方面也能起到锻炼学生自身能力的作用。如食堂食品安全管理、教师教学质量评估等。在涉及到学生的利益和学生关心的问题时,应该加强对学生意见的调研、充分掌握学生的意见,甚至是让学生在一定程度上直接参与其中。这不仅仅是推动学校的管理运行,而且能够在相关实践活动中起到锻炼学生能力,培育其自身品格的作用。全方位搭建自主教育管理平台,创建本校大学生自主管理委员会和微信公众平台,从学生的视角服务和引导学生,以优秀学生标兵团队引导和带动学生。把握舆情动态、监管,在教育管理者的主导下,从微信平台上开辟校园热点论坛,引导学生合理地表达自己的想法。

(三)创设学生思想动态反馈机制

针对教育管理者与学生互动交流不足的问题,教育管理者可以通过先进分子、班级事务反馈、第二课堂小组反馈、日常生活反馈及师生交流反馈五种形式建立学生思想动态反馈机制,将学生的情况及时反馈给教育管理者。其示意图如图8-3所示:

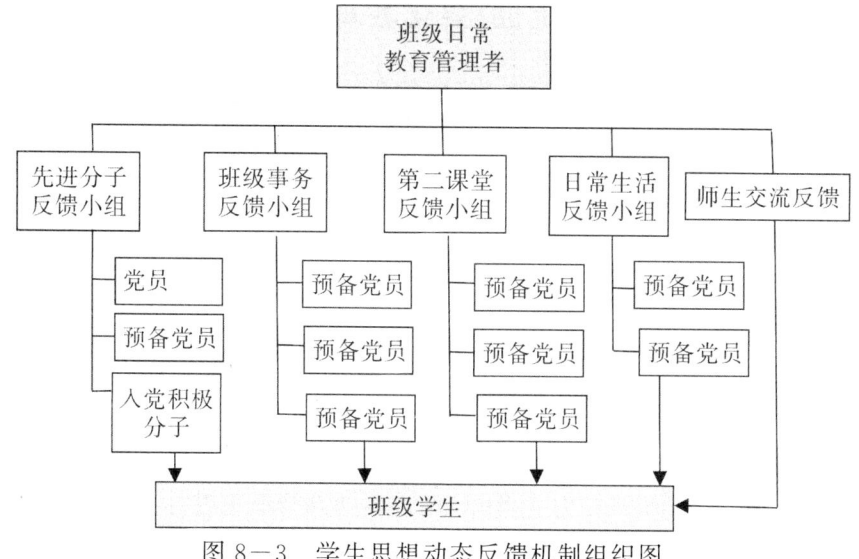

图8-3 学生思想动态反馈机制组织图

在大学生的教育管理活动中,教育管理者与学生间的沟通是一种双边互动活动,特别是在班级管理中,教育管理者只有建立了完善的学生思想动态反馈机制,才能够更好地掌握学生思想动态,更好地为学生服务。尤其是在大学生日常管理中,应该保持对大学生思想问题的敏感性,坚持预防为主,治理为辅。一方面是在问题还未发生时,以行之有效的措施予以防范,规避相关风险,使问题不予发生。另一方面是将问题解决在萌芽状态,在问题已经产生,还未引起较大负面影响和损失的情况下予以制止和消除。当学生思想动态反馈机制建立后,在遇到相关问题时,就可以通过疏导教育法,加强教师和学生之间的沟通,对学生错误的意识进行引导,加强大学生日常教育管理的感召力。

在大学生教育管理中,班级是一个非常重要的单位,可以通过以下五种方式进行学生思想反馈:其一,学生的思想动态可以通过辅导员直接向学生本人了解,也可以通过学生直接向辅导员汇报交流。这具有时间上的快捷性和事务处理上的针对性。但是,我们在实际操作和调研中发现,仅仅依靠教育管理者和学生之间的直接交流作为反馈渠道是狭窄且难以有效实现的。其二,通过先进分子进行反馈。在日常教育管理由党员、预备党员和入党积极分子组成的先进分子小组对学生了解得更宽泛;其三,通过班级事务反馈。班长等班级干部在大学生日常教育管理中是与其他学生交流接触最多的。通过班级学生干部进行了解,有助于从整体和局部上形成一条主线。其四,通过第二课堂反馈。在大学生教育管理中,由于教室不固定,课程活动相对自由等原因,导致班级同学之间交流不多,通过组织团日活动等第二课堂增进学生间的了解,更利于思想的交流与反馈。其五,以寝室为单位进行学生状态了解。宿舍是班级管理的有机组成部分,具有管理复杂性、空间私密性、学生动态本质性等特点。因此,大学生教育管理中要着重关注宿舍的动态管理,以高校辅导员、后勤管理处、学生处、保卫处、物业公司等多部门形成合力,对学生思想动态进行监管、反馈、引导。

三、明晰"引路人"角色定位,强化教育管理者引导功能

在大学生教育管理中,传统的"师本位"教育观念与过度绝对化的"生本位"教育观念都不利于学生的发展。在落实立德树人根本任务,推进"三全育人"的背景下,大学生在教育管理中应该探寻教育管理者和学生关系的平衡锚点,不能片面、单一地仅依靠大学生自身的主体性来进行教育管理,不能让高校教育管理者在大学生的教育管理中缺位,在对学生实践引导过程中缺力。教育管理者应该明晰自身"引路人"的角色定位,发挥自己的"导向"功能、"导思"功能和"导行"功能,增强教育管理者在促进大学生全面发展过程中的引导效用。

(一)发挥教育管理者"导向"功能

"非学无以广才,非志无以成学",在高校就读期间是学生学习的黄金时期,通过学习知识、增强本领,为青春奋斗提供动力。当前大学生从心理特征上看自我意识显著增强,具有较强的自我教育能力。从行为特征上看"具有明显的目的性,且这一目的性让其在大学期间的行为和活动都具有明确的指向性"。[①]

1. 科学制定并展示必要的教育管理目标体系

大学生具有明确的目标性和较强的践行能力。但是由于中学和高校的课程、实践活动等有较大的间距性,很多大学生不能对自己的大学生活进行科学合理的规划。因此,科学制定教育管理目标是"导向"功能发挥功效的关键所在。大学生教育管理需要明确告诉学生在大学期间所要学习的课程是什么,相关资格证的认定条件,报考时间,注意事项等。

2. 深化平等交流氛围,提升育人质量

把握学生行为特征,形成师生平等、自由的校园氛围。针对当前师生交流不足,管理实

---

① 杨江水.高校辅导员工作专业化探索[M].北京:光明日报出版社,2008:56.

效不强的情况,作为教师首先就是要加强师生之间的交流。而师生之间形成有效交流的前提条件是要营造多维的文化氛围,让师生之间保持平等、自由的对话,具体表现如下:

第一,激发学生主观能动性。兴趣是最好的老师,在大学生教育管理中需要找准学生兴趣和人才培养路径的契合点,激发学生的主观能动性。尤其是在教育教学方面更是需要充分地激发学生的主观能动性。让大学生能够获得充分地锻炼演示机会,不断地提高学生的表达能力、实践能力。

第二,发挥教师的引导作用。配备足够的师资,让教师的教育受众群缩小在一定的范围内,从而更好地满足"全员育人"的目标。2018年国务院在《关于全面深化新时代教师队伍建设改革的意见》中明确提出"充分发挥教师在高等学校办学治校中的作用"。[①] "以生为本"在大学生教育管理的应用,首先是确定学生在教育管理活动的主体地位,激发学生的主观能动性,以更好地促进学生的发展。但是,"以生为本"并不是片面地只强调学生的作用,而忽视了教师的价值。教师的主导作用在"以生为本"教育管理的各个环节都不能忽视。教师在坚持"以生为本"教育理念中也需明白自己的定位和职责。

第三,教师主导和学生主体相结合,防止两种极端倾向。在大学生教育管理中,不能过度地依靠管理者,也不能过度地夸大学生的主体作用。在"以生为本"教育管理理念的运用过程中,应该坚持教师的主导和学生的主体作用,让二者互相交织,形成合力。如果在大学生教育管理中仅仅强调教师的作用,那么人才的培养模式将会退变为传统的行政式管理式的"师本教育",如果一味地强调学生的作用,忽视教师在大学生教育管理中的作用,则可能会导致教师的不作为、懒作为和假作为,学生更加恃"宠"而骄,甚至会自甘堕落,在大学生教育管理过程中应该充分地彰显学生的主体性,也应该让教师的价值得以肯定,让二者协调发展,推进"以生为本"在大学生教育管理工作中的应用。形成平等、自由的氛围具体应注重两个方面。其一,师生应该互相尊重。在传统的师本教育中,教师占据着无限崇尚的地位,而在新时期的大学生管理中,管理学生并不等于关注学生。所以,教师应该转变理念,放低身段,与学生平等交流,想学生所想,思学生所思,把握学生的成长规律和行为特征,对学生进行有效的引导教育。其二,学生应该在尊敬师长的前提下与师长互动交流。虽然当下强调言论自由和个性发展,但是这并不代表学生就可以目无尊长,抛弃尊敬师长的优良传统。因此,只有教师和学生共同把握了交流的平等性原则,并予以实践,形成良好的校园沟通氛围,那么师生之间的交流就会更加融洽,大学生的教育管理也会有更强的实效性。

(二)发挥教育管理者"导思"功能

在大学生教育管理中要坚持教育与管理相结合,以教育为主。要将教育引导和学生管理融合一体,以思想政治教育晓之以理,以学生管理导之以行,让二者互相促进、互相补充,

---

① 中共中央国务院. 关于全面深化新时代教师队伍建设改革的意见[S]. 2018-01-20.

让教育寓于管理之中,共同推进学生思想升华。

第一,在课程教育管理中,以课程问题为导向,巧设悬念。其一,"思"是"学"的延伸,只有通过自身对所学知识有所思、有所悟,才能让知识真正为自己所用。其二,思考不仅能让人"知其然",还能"知其所以然",有利于掌握推动学习、工作的主动权,避免陷入本本主义、教条主义的泥沼。其三,以问题情境为导向。有问题,才有疑虑,最终方能激发思考。因此,在大学生课堂教育管理上,应该坚持以问题为导向,让学生带着问题在相关文献资料中进行针对性探索。其四,以例释理。在大学生的课堂教育管理中会涉及到很多晦涩的理论知识,这就要求高校课堂教育管理者在课堂中激发学生思索。

在传统的教育教学中是以教材为主线,强调按部就班地以预设课程对学生进行知识性灌输。但是在生本课堂中,强调的是在教师的主导下让学生能多一些自主探索,以合作探究式、问题导入式等手段加强学生思考。在媒介上可以建立数字教育资源共建共享机制。随着互联网的发展和信息社会的不断推进,资源共享已经成为当前大学生教育管理中必不可少的一环。而且通过"双师设备"等方式建立了数字教育资源共享后,就可以突破时间和空间的限制,拓宽信息收集的渠道,能够促进学校之间的交流,更能够满足当前大学生对知识、对外界信息的需求,有利于激发大学生在学习上的主观能动性。

第二,在日常教育管理中,多管齐下,启迪学生心灵。除了在课堂教育管理中要引起学生的思考,在日常教育管理中也需用多种方法启迪学生心灵,坚持显性教育与隐性教育并举。首先,开展谈心谈话活动。辅导员作为日常教育管理工作的组织者应该增加与学生谈心谈话的频次,加强谈话深度,既要摆事实、讲道理,又要办实事、解决问题。通过以理服人和以情感人两种方式促进学生思想上的反思、升华。其次,开展主题班会,以演讲辩论、文章分享等方式在思想上与大学生进行平等沟通,以潜移默化的隐性教育把握学生的思想脉搏,启迪学生心灵。

(三)发挥教育管理者"导行"功能

"以生为本"的教育目标是"促进学生自主发展"。针对教学任务单一,环节程式化和师生交流不足,管理实效不强的问题,应该采取改进教育方法,构建教师主导、学生主体的教育管理模式,形成师生平等、自由氛围,以激发学生的主体性,促进教育对象自主发展。而这里的"行"指的是行为——受思想支配而表现出来的活动。作为教育管理者要指导学生的行为,应该从言传和身教两个方面作为发力点,坚持教育为主,具体方法如下所示。

1.说服教育法:加强思想导行

说服教育即教育管理者针对受教育者当前思想和行为上的问题,通过以事实切入,以道理说服的方式促进学生发生改变,当前大学生的"人格发展基本成熟但不完善""知行差距较大,思想认识肤浅、实际经验缺乏"。① 因此,教育管理者需要将事物"由表及里"地进行本质性分析。通过讲解、谈话、讨论辩论等"说服"的方式进一步引导学生转变思想,而不是让学生不得不按照相应教育管理者的看法做事。这种柔性的教育管理方式比刚性的方式更能从根本上解决问题。

2. 典型教育法:强化示范导行

典型即在相关同类型事物中最有代表性、更能说明本质的个体。首先,树立学生优秀典型。在大学生中,总会有特别优秀典型的同学。对相关优秀典型的同学予以培养、推广,从正面树立典型,加强示范教育作用,影响学生的行为。其次,树立自身典型。教育管理者在对大学生进行行为引导时,应该注重自己的"身教"。"打铁还需本身硬",只有教育管理者自身做到了言行一致,才能够大大地增加典型的示范感召力。

四、深化实践教育改革,提升实践育人质量

当前大学生对社会实践的要求强烈,社会各界也认为应该加强大学生在理论学习后的实践培育,提升育人质量。因此,可以通过构建"三维课程体系""1+1+X证书制度"和加强校企联合培养的方式,深化实践教育改革。

(一)构建三维课程体系,强化学生实践发展

学生是独立的个人,具有相对的差异性,无论是能力、学习背景,还是兴趣爱好都会有一定的差异。因此,构建适应学生发展的三维课程体系是解决当前教学任务单一,环节程式化的重要措施。三维课程体系即必修课程与选修课程、综合课程和专业课程、活动课程和学科课程。如图8-4所示:

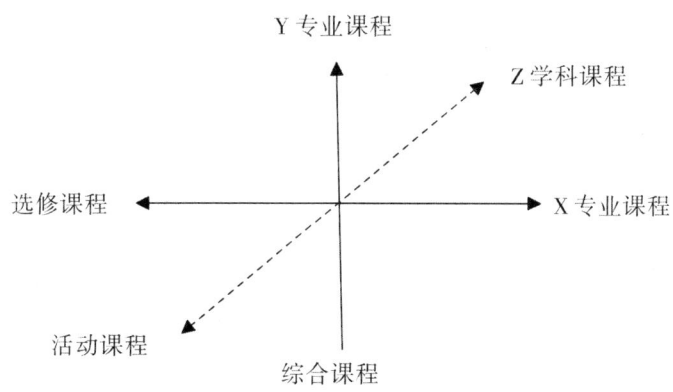

图8-4 三维课程体系结构示意图

改进教育方法,构建差异课程体系不仅仅能促进个人的发展,还能助力社会的进步。首先,从个体发展的角度上看,只有构建并践行了适应学生差异发展的课程体系,我们才能够

---

① 杨江水.高校辅导员工作专业化探索[M].北京:光明日报出版社,2008:52.

走出片面唯书、唯上的怪圈,真正地让学生在大学生涯中训练必备的技能和储备相应学位、学科的理论知识外,更自由、有效地寻找相应的学习空间。其次,从集体发展的角度上看,每个学生都是班级的一份子,也是当前建功新时代储备力量的一份子,我们只有着眼顶层设计,着力于个人发展,让每个人充分地发挥所长、最大限度地获取感兴趣的储备知识,并将其运用于社会生活实践中,社会才会发展得更快。

在"三维课程体系"中包含着三组课程关系,我们应该全面综合地考虑。第一,必修课和选修课。目前大学生教育管理中必修基础理论课占据总课时的比例较大,因此,应该增设更多的选修课程。让学生能够根据自身的兴趣爱好、发展需要来选择想用的课程。大学课程体系中主要以院系、专业来划分相应的课程,只有增加选修课的种类、提升选修课的质量,才能尽可能地让大学生掌握多项技能,助力学生的全面发展,适应社会的发展需要。第二,专业课程和综合课程。在大学生的课程体系中专业课程非常重要,只有夯实了专业基础才能够在未来的发展中尽可能地展现专业优势。但是当前社会发展中除了专业人才,还需要复合型人才。而综合课程是按照一致性原则,由两门或两门以上的学科领域构成的学科,让学生能够在多学科的整合下更精确地把握理论并运用知识。第三,学科课程与活动课程。学科课程多以理论为主,活动课程以实践活动为主。通过将二者合理地融合后形成合力,才能更好地巩固理论知识,并将知识内化于心,外化于行。

(二)构建"1+1+X 证书制度",培养学生综合能力

响应国家在《国家职业教育改革实施方案》中提出的号召,在获得学历证书的前提下,提升自己在多方面的就业创业的综合能力,拓展多维本领。当然,作为本科及以上学历并应取得相应学位证书的学生也应该通过相应的考核,满足相应学位获取条件。

"1+1+X"证书制度模式如图 8—5 所示,对其解读是:第一,在该制度中的两个"1"分别是指毕业证书和学位证书。这两个证书对于当前本科及以上的大学生都是基础性证书。也只有在完成规定的学业并考核合格后才能够获得。当然,有些专科学院的学生没有学位证书,但是也需要获得毕业证书。当获得相应的基础性证书后,也就表明在学校研修的课程和培育都已合格。第二,"X"证书主要分为职业资格证书和技能资格证书两类。首先,相关专业的学生需要在院系专业的大背景下获得相应的职业资格证书。例如师范类大学生需要考取相应的教师资格证,而从事法律类的大学生也需要通过司法考试。这是为以后的工作打下坚实而必要的基础,也是后期从事相应行业的"敲门砖"。其次,需要获得尽可能多的"技能资格证书",例如英语等级考试、计算机等级考试、普通话等级考试、汽车驾驶证等。"人是社会的人",大学生终有一天会走出高校的象牙塔,走进社会的竞争中。只有掌握多种技能,才能够更好地立足于竞争的社会洪流里。

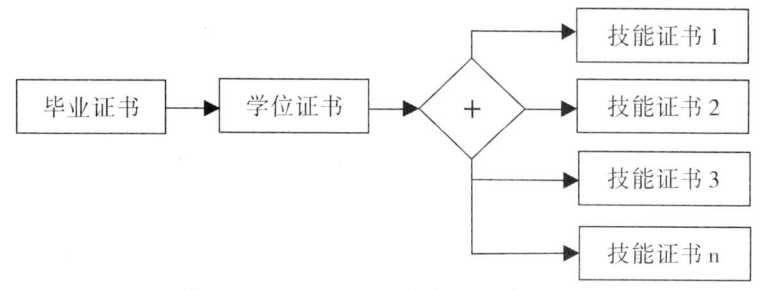

图 8-5 1+1+X 证书制度模式图

(三)加强校企联合,形成产学合力

《中国教育现代化 2035》明确提出"要注重知行合一"。企业是大学生就业的重要渠道,也是实践锻炼的重要平台。企业在招聘人才的时候需要有相关工作经验的学生来为企业注入新鲜的血液,而大学生也希望能够在实践中锻炼自己的能力,让自己在求职中能多一分优势,在工作中多一些经验。学校应该架好企业与在校学子之间的桥梁,加强校企之间的合作,通过企业专职人员到校讲课、学生赴企业一线参观学习和提供企业实习平台等方式,更好地满足大学生实践需求,提高大学生专业实践能力,促进大学生教育管理改革。在校企形成合力后对大学生教育管理的影响是巨大的。首先,让企业专职人员赴一线课堂讲座能够更好地让学生了解当前该行业的动向和人才需求,为学生在校的能力培养提供了一个明确的方向;其次,大学生在赴企业一线参观学习后会对自己能力形成一个较为清晰的定位和认知,从而有力地激发学生的主体性,让其在后期的学校生涯中更加努力进取;最后,让大学生进入企业内部实习锻炼可以让大学生尽早地感知企业文化,并将自己在校所学的理论知识在实践中进行巩固、提升。这不仅仅给学生个人提供了一个实践锻炼的机会,也满足了企业对人才的专业性需求,更为学校的专业教育确立了方向。

《中共中央国务院关于深化教育改革全面推进素质教育的决定》提出要加强产学研结合,大力推进高等学校和产业界即科研院所的合作。可以通过校企共建实验室、实习基地、合作教学的形式,共建"双师"型教育队伍,为高校的教育改革提供新的方向。在通过校企联合培养后可以有效地解决当前部分专业教育与社会脱节、学生实践能力不足的问题,真正地形成了资源共享、优势互补的融合式教育。

第九章　高校教育管理信息化创新与发展研究

第一节　高校教育管理信息化的理论概述

一、核心概念界定

(一)信息化的含义

信息化这一概念最初起源于20世纪60年代的日本,最先是由日本学者梅棹忠夫提出来的,1963年,梅棹忠夫在他的《论信息产业》一书中认为:信息化是指通讯现代化、计算机化和行为合理化的总称。之后,由于有关信息化的翻译流传到西方,这一概念才被广泛使用。我国学术界对于"信息化"的定义随着时代的进步不断发生改变,目前,我国关于信息化的最新定义出自《2006—2020国家信息化发展战略》,它将信息化定义为:充分利用信息技术,开发利用信息资源,促进信息交流和知识共享,提高经济增长质量,推动经济社会发展转型的历史进程。

基于上面关于"信息化"在不同时代的理解,可以看出其相似之处就是都认为信息化是基于这一时代最先进的现代化技术,促进各领域的进步和升级。本研究将信息化理解为一个运用信息技术推动产业发展的过程,是将信息技术应用于社会的各个产业和领域,包括教育、经济、农业等,目的是实现各领域技术的进步、质量的提升以及效率的提高,打造适合时代进步的新型产业。

(二)教育管理的含义

教育管理是学校管理工作的重要环节之一,也是学校管理中相对复杂的一项,教育管理不仅仅要对各种教育相关设施设备进行管理,更是对所有教育活动、教育计划的管理,即教育管理部门在领导者的指导下,运用科学的方式方法,对各级教育机构与组织进行规划、组织、指导、监督、协调,达到对有限教育资源的合理配置,来实现教育质量提高、办学效益增进、教学秩序稳定、办学条件提升等目标,以此来促进教育事业发展。

(三)教育管理信息化的含义

所谓教育管理信息化,就是在现代教育管理思想的指导下,在教育管理中普遍运用现代信息技术,如计算机、网络通讯及多媒体等,对各级各类教育事务进行管理,从而达到提高教学质量、提升教育治理水平的目的,促进教育管理现代化的过程。高校教育管理信息化是管理信息化思想在高等教育领域的衍生,不仅是指各类信息技术与教育的融合应用,更是现代化的、科学化的管理思想在教育领域的深度渗透。

二、理论基础

(一)教育管理理论

自人类有教育活动开始就有了教育管理的痕迹,可以说是教育促进了教育管理理论的发展,而教育管理理论的不断研究和进步催生了教育管理学,这是最传统的教育管理理论的发展,而现代教育管理理论在20世纪才真正开始发展。工业革命之后,教育活动日渐复杂起来,由此现代教育管理理论也随之发展起来,其发展受到现代教育、现代管理理论和新科技及新方法的推动。这期间,教育规模迅速扩大,教育类型和层次不断多样化,教育与社会的相互关系和作用逐渐复杂,急需新的管理理论的支持;另外,企业管理理论的不断创新,促进了更加注重效率的科学管理的发展,这些管理理论被引入教育管理领域,促进了教育管理理论的发展;除此之外,各种新型技术和创新方法逐渐进入教育领域,对教育管理理论的发展起到了一定的推动作用。在这些因素的影响下,现代教育管理理论一步步发展起来,形成了各自的流派。

进入信息时代,教育管理理论在各类新一代信息技术发展的推动下,不断推陈出新,理论体系得到进一步的创新。这种创新使得教育管理理论更加的多元、灵活,并且通过与实践的不断结合解决教育管理中的新问题,以此来提高教育管理的效益。随着信息时代的不断更新变化,信息技术的运用开始成为学校教育的一个重要部分,改变了传统的教育管理模式。所以,对教育管理理论的进一步梳理有利于高校教育管理信息化理论方面的及时创新,最先进的教育管理理论的运用与信息技术的整合,对高校教育管理的变革有着重要的意义。

(二)协同学理论

1969年,德国著名物理学家赫尔曼·哈肯首次提出协同学这一名称,协同学(Synergetics),也叫"协同论",被誉为"协调合作之学",1971年,随着《协同学:一门协作的科学》一文的发表,协同正式作为一门学科开始被研究。协同学是一门新兴学科,是在多种学科研究的基础上逐渐形成的,其横跨社会科学与自然科学。1983年,赫尔曼·哈肯的《高等协同学》一书出版了,此后协同学的理论逐渐走向成熟。

一般来说,协同学的研究对象是一个开放或封闭的系统,这个系统可以是自然系统,也可以是人造系统,换句话说,协同学的研究对象可以是一个由人、自然、社会共同构成的系统;另外,系统是由很多结构和要素构成的,并且这些要素之间发生着互相作用,系统的状态会发生从无序到有序,再从有序到无序的反复的变化,某一个要素的变化势必会引起系统的结构功能的变化。高校教育管理信息化建设是一项投入大、周期长的系统工程,涉及规划与设计、建设与部署、应用与实施、监督与调控等各个方面。而目前制约教育管理转型发展的因素已经不是技术了，而是对建设过程中各个层面以及各种要素的协调与合作，所以，将协同学理论引入高校教育管理信息化的建设工作中，必会为高校教育管理信息化建设提供一种新的思维模式与方法。

第二节 高校教育管理信息化的提升策略

当今时代是一个被"互联网""云计算""大数据""移动终端"等各种新型技术充斥的时代，科学技术的更新日益加快，传统旧化的事物一定会被新事物所接替。现代高校教育管理分为三个递进的层次：信息化教育管理、大数据教育管理和智慧化教育管理。而智慧化教育管理可以说是高校教育管理的最高层次，具有生态化、智慧化、人文性的特征。就各高校而言，必须要将大数据的理念和技术充分应用到教育管理的转变阶段，深入思考促进学校教育管理发展的关键问题，并提出具有科学性、可行性和可操作性的对策，切实提高高校教育管理信息化建设进程。

一、树立信息时代教育管理发展理念

我们当前所处的新的信息时代已经成为"云""网""数"的时代，这个时代最需要的不是数据和信息，也不是云计算技术、大数据技术，而是数据化的思维和理念。这个时代的高校教育管理信息化的发展不再简单地依靠信息化的基础设施或者众多的信息技术，而是取决于资源的扩展、数据的应用以及新的思维与理念的形成。因此，树立开放共享、跨界合作的理念是各高校教育管理信息化转型的前提。

（一）共享理念

互联网是高校教育管理信息化建设的基本设施和保障，其承担着两个重要的角色和使命：一是连接作用，"连接"教师与学生、"连接"人与资源、"连接"师生与学校；二是支撑作用，支撑"教"和"学"，创新教与学的过程，提高教育教学效率。国外发达国家高校教育管理信息化发展稍早，教育管理理念比较先进，其信息技术与人的融合、与教育的融合，以及信息技术在教育中的应用都比较突出，这对我国高校教育管理信息化的发展有着重要的借鉴意义。这种"连接""共享"的理念，真正的信息技术与人的融合，与教学的融合的方式也可以为我国高校教育管理信息化的发展所借鉴，再融入中国教育的特点和学校发展的需要。目前，各高校需要打破传统教育管理中的部门壁垒，冲破学校、领域、地域甚至国域等界限，积极创建协同创新机制与共享交互机制，全力以赴去践行新信息时代开放共享的理念，实现优质教育资源和数据资源的共建、共享与共通，从而实现高校教育模式的彻底变革，实现教育管理效率和水平的显著提升。

（二）"以用户为中心"的管理导向

目前，大部分高校的管理组织结构主要还是"以职能为中心"的划分，这种管理的组织结构看似使各部门的分工更加明确,但是实际上却造成部门间协同办理能力下降、业务流程交叉重复等问题,反而导致工作效率低下。所以,要解决这种问题就要坚持"以用户为中心"的管理导向,以学校管理信息化发展目标为指导,以业务流程为核心,将软件、硬件、服务融为一体,打造一个容易被广大师生接受的、管理任务简化的、面向用户的简单易用、服务统一的集成化平台,真正实现人与人、人与技术、人与数据、人与资源的深度融合,推动学校教育管理模式的变革。该平台可以建立在学校门户网站的基础上,它是学校业务和教师管理、学生管理的扩展,可以为师生提供统一的身份认证、课程表查询、基本信息的登记、成绩查询和校园信息的查看。

在高校,用户就是指所有的教职员工、学生,"以用户为中心"的导向就是要坚持在教育管理信息化的建设中,将教职工和学生对信息化的需求、追求的信息化目标以及所要实现的信息化成果放在学校信息化规划的首位,要坚持教育管理信息化要减轻教学管理人员的工作压力、提高教师教学的质量、简化教师和学生办理业务的流程,提高整个学校而不是某个管理层的教育管理水平。

二、加强高校教育管理信息化的顶层设计

顶层设计是自上而下的理性设计和规划,具有长远性、战略性、科学性的特点,是从整体的角度去思考一项工作、某个任务的结构、功能、要素等,来快速、有效地达成项目目标。高校要发展教育管理信息化,实现新信息时代教育管理的转型,需要制定完善的信息化发展机制、科学的发展规划以及民主的教育治理模式,这对各高校教育管理信息化有着重大的指导意义。

(一)制定教育管理信息化发展战略规划

高校如何在现有条件和未来条件下实现战略既定目标,取决于高校教育管理信息化发展战略规划。加强教育管理信息化的顶层设计,就必须要制定学校信息化发展战略规划,这样才能在后续教育管理信息化推进的过程中做到胸有成竹。中国古训里有"不谋万世者,不足谋一时;不谋全局者,不足谋一域。"站得高看得远,站在高处,能更好地抓住主要矛盾、主要问题,把握正确的方向。通过统一规划、协调发展可以让基层的力量往一处使,避免资源浪费,更快更好地实现远期愿景。

高校教育管理信息化的发展是全校人员共同的目标,这就要求高校领导者在制定信息化战略规划的时候,要有合作开放的思维,坚持可持续发展的原则,用战略发展的眼光去计划。目前,大部分高校在智慧校园的建设上投入了很大的热情,智慧校园意味着要建立一个"高效、节能、智能"的绿色校园,这也需要在建设初期就要对各方面、各层次、各要素进行精心的设计和规划,如平台搭建、资源分配、利益划分、结构重组、评估体系等,要激发全员参与的积极性和主动性,加深人与技术的融合,体现新信息时代的人性化,提升高校教育管理效

益的同时提高管理的质量。

（二）加强教育管理信息化组织领导

高校教育管理信息化的发展需要有专门的信息化管理机构来领导。2012年，教育部成立了"教育部信息化领导小组"，同年，教育部成立了教育信息化专家组，用以指导全国教育信息化推进工作。2016年6月，教育部《教育信息化"十三五"规划》明确要求："在各级各类学校逐步建立教育信息化首席信息官（CIO）制度，明确一名分管领导担任首席信息官，全面统筹本单位信息化的规划与发展。"要求学校的职能部门、业务部门、技术支持部门等要明晰自身在教育信息化建设中所要履行的责任与义务，学校要建立好教育信息化和网络安全问责机制，务必确保教育信息化健康、有序发展。从组织结构上看，高校需要重新调整领导机构，将单一的技术管理型的信息化部门转型为技术管理型与服务创新型的信息化部门，促进信息技术与教育管理和服务的深度融合，充分发挥信息技术在教育管理中的价值。为此，各高校需与国家、政府部门紧密协作探索首席信息官（CIO）的运行模式，统筹规划信息化的系统建设，充分调动各二级学院、各部门并在其中设置信息化岗位，使信息化嵌入到高校的每一个组成单元中。据调查，首席信息官（CIO）的人选大部分是高校的副校长或者是信息技术部门主任，也有一部分学校是教务长或校长来担任，不过，不管是独立存在的CIO职位，还是兼职CIO头衔，各高校都要根据自身的实际情况，要能发挥他们在战略规划决策中的主导作用，实现学校教育管理信息化水平的显著提高。当然，一个合格的首席信息官不只要有信息化系统规划和改革领导能力；还需要有积极主动的工作态度，做到对各种信息化政策及实施方案、意见等的上传下达；另外，顶层设计不是一成不变的，毕竟社会是一个动态系统，所以作为CIO要有足够的创新意识，要顺应时代的变化和发展，积极推动工作创新。

（三）明确教育管理信息化发展架构

各高校教育管理信息化的发展必须有一个清晰的架构，确保数据采集、管理、使用、维护等各个环节能无缝连接、运行流畅，从而促进学校信息化建设可持续发展。在教育管理信息化的发展方面，国外发达国家有许多优秀的案例，如麻省理工学院的OCW项目，其目标定位清晰、体系结构合理，各个职能团队各司其职，使得整个开放课程的实施得到保障。各高校可以在国家《纲要》精神的领导下，借鉴发达国家教育管理信息化发展的经验，来规划出符合学校自身定位和发展实际的架构。坚持"业务""问题"为导向，坚持建设与运行维护并重，明确教育管理信息化发展的战略目标，考虑全校人员的利益，提高实施方案的科学性和可操作性，实现建设效果的最大化。

三、完善高校教育管理信息化制度建设

从教育管理信息化建设初期到现阶段取得了一定的成果，各高校在对教学管理信息系统的创建研发中投入了大量的精力，但是与之相配套的制度建设却还是不够完善，造成了信

息系统在运行中出现各种不良现象,损坏了数据的真实性和有效性,影响了教学管理信息系统的有效运行,为此在继续推进教育管理信息化的进程中必须健全相关的制度。

首先,从信息系统技术层面来看,要制定统一、标准的数据信息编码规则,确保数据处理的规范、一致,避免由于数据格式混乱、内容含义表示不清晰影响后续对数据的统计分析。除此之外,在系统运行的管理层方面,要制定针对各项教学事务的配套制度,对一切教育信息的使用进行严格的约束和正确的规范,确保信息系统运行的公正、透明和规范,同时建立各种服务事项办理流程的规章制度,便于对发布的信息进行监督,以此来促进整个的教育管理信息化建设规范、有序、持续。

四、促进教育管理信息化协同发展

众所周知,成功不是某一个人作用的结果,而是不同的个体相互协作的产物。发展教育管理信息化并不是某个高校或者某个信息化部门的事情,而是整个国家、整个社会以及整个学校所有人的事情。所以,高校在教育管理信息化发展过程中,不仅仅要发挥领导层和各信息化管理岗位人员的作用,更要以信息化领导为核心,协同全体教职工、学生的力量,共同促进学校教育管理信息化的转型,也只有全员积极参与,才能使教育管理信息化的发展更加如火如荼。

(一)学校宏观领导

在高校教育管理信息化的协同发展机制中,学校的领导层主要在顶层设计、制度建立、标准制定等的宏观方面发挥决策指导作用。首先,学校要加大相关规章制度的制定,以国家法律法规为准绳,确保本校所有的教育管理信息化发展战略规划和建设项目都是不违反法律、不越过道德界限、并且符合国家规范的。另一方面,在教育管理信息化发展过程中涉及到个人隐私、信息安全和道德问题,要保证对此类数据的保护,如遇到隐私被侵犯或者信息泄露等问题,必须正视并且做出合理的解决,以促进信息技术的正确且合乎人伦的使用,发挥其作为工具和手段的正当价值。其次,学校领导层要明确本校教育管理信息化发展目标,做好顶层设计,对在教育管理信息化建设过程中出现的各类问题及时做出决策,并且追求反馈;同时,高校领导层要保证教育管理信息化建设的资金来源,确保各类基础设施及时到位,系统资源使用正常。最后,要时刻关注国家对于教育管理信息化的新政策和新要求,关注社会新动态,对于教育管理信息化的总体规划做出相应的调整,保证学校的创新发展。

(二)各部门协同管理

教育管理信息化建设需要团队协同作战,而团队的协同程度,影响着整个建设团队的工作绩效,关系到教育管理信息化建设的进展和建设目标的有效达成。在高校教育管理信息化的推动过程中,很多项目难以高效及时地完成,在很大程度上是由于各个部门之间缺乏协同管理。教育管理信息化的建设需要多方参与,而各职能部门作为高校管理大军,进行跨部门的协同管理是发展教育管理信息化最有效的助力。

首先,在高校教育管理信息化建设的过程,学校各行政管理部门要积极进行沟通,沟通是为了消除误解、畅通渠道,达到传递信息的目的,并且在沟通的过程中可以就某个问题达成共识,双方都可以参与进去,最终就某一业务的流程进行重组并简化相应流程;其次,搭建跨部门协作的桥梁,建立跨部门协同机制和渠道,定时召开跨部门会议,做到部门间沟通交流无障碍,数据信息交换共享畅通无阻,及时解决问题。最后,各部门管理人员要树立"服务"的理念,明确为教学管理服务是各部门的根本价值所在,实现从管理型向服务型转变,形成职能部门为教学科研机构服务、党政权力为学术权力服务、管理人员为师生服务的"大服务"格局,同时,以"服务"为中心也是整个社会管理思想变革的趋势。当然,跨部门协同管理中肯定存在很多的障碍,如部门之间的认知误解,部门职能的模糊地带,不容忽视的"部门墙"等,要解决这些问题,就需要大家围绕一个重点,即找到学校教育管理信息化的战略目标、部门目标、项目目标、个人目标的同一方向,凝聚共识,梳理模糊地带,消除部门间的壁垒,达到协同管理的目的。

(三)加强校企合作

高校教育管理信息化建设项目是一项涉及面广且较为复杂的工作,具有投入大、风险高、周期长的特点,一旦项目建设失败,就会造成巨大的损失。所以,要确保教育管理信息化的建设工作顺利进行,很多高校都会选择与企业进行合作。在教育管理信息化发展过程中,高校对于自身的业务管理更为熟悉,而企业在技术方面更为擅长,在信息系统和数据平台的建设方面水平更高。所以,在教育管理信息化建设中,高校要加强技术方面与社会高水平企业的合作,增强学校信息化关键技术、重要产品的研发力,掌握技术主权。高校教育信息化建设软件的开发模式有定制开发模式、采购成熟商品软件模式和自主开发模式。定制开发的信息系统功能模块清晰,符合学校现有的管理流程,并且能很好地满足学校的个性化需求,但是缺点是开发周期长、缺乏成型参考、失败风险高。相反,成熟商品具有一定的稳定性、通用性和易维护性等,但是却不能完全满足高校个性化的管理需求。与之相比,最好的开发模式应该是由高校自行开发信息系统。因为,系统研发人员是高校人员,他们熟悉学校的管理流程,并且与学校管理层沟通交流较为容易,可以理解系统需求,同时节约了大量的产品购置费用和后期维护费用,但是,由于缺乏专业的软件开发团队,又缺乏软件开发经验,因此,以学校的技术力量难以胜任大型复杂的信息系统的开发项目。由此看来,建立校企合作,创建校企联合软件开发模式是很有必要的。首先,寻找合适的、有实力的软件开发企业,然后与企业签订校企联合软件开发协议,成立"校企联合软件研发中心",与企业建立深度合作关系。具体来讲,学校可以培养一支自己的技术团队,快速学习企业现金的软件管理经验与软件开发技术。另外,以校企联合软件研发中心为载体,合作双方可以进行资源共享、优势互补,实现学校、企业、社会、学生多方共赢的目标。

五、创新教育管理信息化共享平台

在过去一段时间的教育管理信息化建设过程中,各级教育管理部门、教育机构、大部分高校纷纷投入信息系统的建设,一时之间,建立了一大批信息化管理系统,在教育管理信息化的建设和信息化服务方面取得了不错的成绩。但是,这些系统大部分都是独立的,缺少统一规划,系统运行缺乏标准化,导致系统间无法实现数据交互,形成"数据孤岛"。因此,作为教育管理信息化建设的重要组成部分,基础数据共享中心的建设显得尤为重要。

(一)创建基础数据共享中心

基础数据共享中心是教育管理信息化建设的重要组成部分,通过统一的访问接口,将网络技术、存储技术、云计算技术等融合应用,打造出一个独立系统之间可以实现数据的传输、同步和共享的独立平台系统。随着我国高校办学规模的不断扩大,学校的基础数据量越来越大,因为所有系统的运行都是基于基础数据,所以学校的各级办公系统中都存有大量的基础数据。这样系统运行时就会出现,如果其中一个系统的基础数据已经修改了,而其他业务系统在对数据进行处理的时候依然使用的是从原来的系统当中提取到的数据,这样就造成了基础数据的不统一和数据的多样性。但是基础数据共享中心的建立可以有效解决这个问题,有了数据共享中心,所有的系统在运行过程中的基础数据,包括对于基础数据的操作结果都会被保存在数据共享中心库,当这个数据要被再次使用时,只需要从数据共享中心中提取即可,这样就保证了各类基础数据的统一和规范。其次,数据共享中心的建立整合了所有系统的基础数据,这样既实用方便,又可以节省空间,即将系统运行产生的基础数据,都存储在数据共享中心的中心库,在生成这些基础数据的系统内做一个数据备份,以便于数据共享中心的中心库出现问题时恢复数据,其他的信息系统不需要再次对基础数据进行存储,这样就会节省大量的服务器的空间。最后,数据共享中心作为所有业务系统基础数据的存储库,可以为各个业务系统提供抽取数据的服务,这样就实现了不同业务系统之间的数据共享,从根本上解决了"信息孤岛"问题。

(二)创新"一站式"师生服务平台

一站式服务(one-stop service)的理念,最早来源于2001年德国等欧洲五国联合提出的"一站式电子政务"概念,即一种利用互联网或其他快捷方式来为用户提供方便解决问题的、人性化的服务。2002年,英国大学联合会为给师生提高便捷高效的服务,将一站式服务的理念引入高校师生服务中,并且率先开始在高校建立一站式服务大厅。之后,这种一站式服务平台由于其先进的理念、高效的服务受到世界各高校的效仿和引入;如,英国中央兰开夏大学的学生一站式网上服务大厅"student support",既方便了学生,又提高了办事效率;再如,美国特拉华大学面向全体学生打造的教务、缴费、餐饮、经济资助等一系列服务的一站式学生服务模式,值得很多高校参考和借鉴;同样,美国宾夕法尼亚大学早在1988年已经开始探索并建立一站式服务平台。

我国部分高校也受到一站式服务理念的影响，迅速在各高校发展起一站式服务大厅。2003年9月，浙江万里学院建立了第一个一站式学生服务大厅"阳光大厅"，其整合了原有的分散的学生管理部门，打造了流程规范、服务高效的学生事务管理中心，为学生提供一站式服务。在这之后，北京、上海、杭州等地的高校也纷纷建立了类似的一站式服务大厅。虽然我国一站式服务中心的建设数量不断增多，但是质量还存在很多的问题。如：高校一站式服务中心名称不一，有"大学生事务中心""学生事务中心""学生事务服务中心""学生一站式服务中"等；另外，还有缺乏后台数据库支撑、网上业务办理时间长、服务差等多种问题。所以，各高校一站式服务大厅的建设不能盲目地跟风效仿国内外其他高校的例子，而是要在借鉴其优势的同时，立足各高校校情，在原来的基础上创新符合各高校自身情况和定位的师生一站式服务大厅。

参考文献

[1]刘晓颖.高校教师教学能力的培养和提升[J].中国成人教育,2014(01):95~98.

[2]徐继红.高校教师教学能力结构模型研究[D].长春:东北师范大学,2013(05):33.

[3]郭晓彤,张英华.教师教学能力缺失与提升途径研究[J].华章,2013(02):130~131.

[4]吴亚秋.高职院校教师教学能力评价指标体系探究[J].继续教育研究,2012(05):67~69.

[5]吴振利.美国大学教师教学发展研究[D].长春:东北师范大学,2010.

[6]林杰.哈佛大学博克教学和学习中心[J].清华大学教育研究,2011(02):36.

[7]徐微,闫亦农.终身教育视野下的高校教师教学能力培养[J].教育与职业,2016(05):51.

[8]谭少威.高校青年教师教学能力发展影响因素的实证分析[J].职业技术,2019(11):27~31.

[9]李辉,龙宝新,李贵安.高校教师教学发展能力的结构与培育[J].中国高教研究,2020(11):60~65.

[10]宋燕.基于"四维度"的我国大学教学学术水平现状分析[J].现代教育管理,2013(10):79~83.

[11]艾述华.崇尚"教学学术":高校教学质量提高的现实选择[J].教育理论与实践,2014(34):3~5.

[12]霍秉坤,徐慧璇,黄显华.大学教师教学学术的成长阶段及发展策略[J].清华大学教育研究,2013(08):56~63.

[13]杨超.大学教学学术发展的制度环境及其治理途径[J].现代教育管理,2014(03):51~55.

[14]黄培森.教学学术视角下大学初任教师专业发展的逻辑[J].首都师范大学学报(社会科学版),2014(03):136~142.

[15]周萍,陈红.大学教师教学学术能力的建构[J].高校教育管理,2015(06):94~98.

[16]徐萍.高校教学学术能力的构成及其发展研究[J].教师教育研究,2016(05):18-23.

[17]谢晓虹.多维视角下的高校教师教学学术能力提升路径[J].中国成人教育,2019(01):88~91.

[18]张筱兰.信息化教学[M].北京:高等教育出版社,2010.

[19]南国农.信息化教育概论.第2版[M].北京:高等教育出版社,2011.

[20]王文君,王卫军.教师信息化教学能力实践分析[J].现代远距离教育,2012(03):67~74.

[21]田生湖,赵学敏.我国高校信息化教学的现状、趋势与发展策略[J].当代教育科学,2016(11):37~39.

[22]刘斌.信息化教学有效性的理论思考——对信息化教学本质的再认识[J].现代教育技

术,2013(03):26～30.

[23]褚衍梅.高校教师教育技术培训体系的构建[D].济南:山东师范大学,2014.

[24]关红梅,王林毅.高校教师信息技术教学能力发展的研究[J].教书育人(高教论坛),2019(21):52～53.

[25]叶莎莎,朱珠,彭莉萍.高校教师信息化教学能力发展研究与实践[J].教育教学论坛,2020(47):39～41.

[26]张继平.以生为本的高等教育目的价值取向探析[J].学术论坛,2013(09):216～220.

[27]曹如军.高等教育"以生为本"之辨[J].教育探索,2015(09):18～20.

[28]胡晓轩.强调以生为本理念提高大学生自主管理能力[J].中国高等教育,2014(22):58～60.

[29]王志军.高校以生为本教育理念的认知偏差及其实践策略[J].中国成人教育,2016(08):24～28.

[30]周天良."以生为本"应从满足学生的合理需要做起[J].教学与管理,2016(20):60.

[31]卢敏.以生为本,注重体验[J].中学化学教学参考,2017(07):19.

[32](美)费雷德里克·温斯洛·泰罗.科学管理原理[M].北京:机械工业出版社,2013.

[33]教育部科技发展中心.高等教育信息化发展研究报告(2015)[M].北京:清华大学出版社,2015.

[34]贾飞,伍薇.高等院校教学管理信息化建设的现状及对策研究[J].南京理工大学学报(社会科学版),2014(06):27～32.

[35]王亚飞.广西高校管理信息化建设路径研究[D].南宁:广西大学,2016.

[36]任友群,郑旭东,吴旻瑜.深度推进信息技术与教育的融合创新——《教育信息化"十三五"规划》(2016)解读[J].现代远程教育研究,2016(05):3～9.

[37]邓果,谭冬霞.高校教育管理信息化发展状况和对策建议[J].中国教育信息化,2020(13):71～74.

[38]梅伟惠.美国高校创业教育[M].杭州:浙江教育出版社,2010.

[39]郝杰,吴爱华,侯永峰.美国创新创业教育体系的建设与启示[J].高等工程教育研究,2016(02):7－12.

[40]孟帙颖.创新创业教育视角下高校学生管理研究创新创业理论研究与实践,2020(16):161～162.